幼儿园比大学更重要

如何开发孩子的智力与潜能

刘文献◎著

朝華出版社
BLOSSOM PRESS

图书在版编目（CIP）数据

幼儿园比大学更重要. 如何开发孩子的智力与潜能 / 刘文献著. -- 北京：朝华出版社, 2019.10
ISBN 978-7-5054-4536-9

Ⅰ. ①幼… Ⅱ. ①刘… Ⅲ. ①学前教育—教学研究 Ⅳ. ①G612

中国版本图书馆CIP数据核字(2019)第188040号

幼儿园比大学更重要——如何开发孩子的智力与潜能

作　　者　刘文献

选题策划　王　剑
责任编辑　孙　开
责任印制　张文东　陆竞赢
封面设计　异一设计

出版发行　朝华出版社
社　　址　北京市西城区百万庄大街24号　邮政编码　100037
订购电话　（010）68996618　68996050
传　　真　（010）88415258（发行部）
联系版权　j-yn@163.com
网　　址　http://zhcb.cipg.org.cn
印　　刷　三河市三佳印刷装订有限公司
经　　销　全国新华书店
开　　本　710mm×1000mm　1/16　字　　数　171千字
印　　张　13
版　　次　2019年10月第1版　2019年10月第1次印刷
装　　别　平
书　　号　ISBN 978-7-5054-4536-9
定　　价　35.00元

前言

我曾在书上读到过一则这样的故事：

1978 年，有 75 位诺贝尔奖获得者在巴黎聚会，记者向其中一位提问："请问在您的一生中，您最重要的东西是在哪所大学或者哪所实验室里学到的？"这位白发苍苍的学者回答："是在幼儿园。"记者感到非常震惊，问其原因，学者回答："在幼儿园里，我学会了很多很多。比如，把自己的东西分一半给小伙伴们，不是自己的东西不要拿，东西要放整齐，饭前要洗手，午饭后要休息，做错了事要表示歉意，学习要多思考，要仔细观察大自然。我认为，我学到的全部东西就是这些。"在场的所有人对此报以热烈的掌声，这说明他的回答同时得到了其他所有诺贝尔奖获得者的认同。

这个故事告诉我们：幼儿园教育的作用就相当于高楼大厦的根基，不仅仅是为孩子的小学教育打基础，也是为孩子的整个人生打基础。孩子在幼儿园阶段的基础打得是否坚实、牢固，影响着孩子未来能否获得充分发展，甚至决定着孩子将来能否发展到更高的水平。从这个意义上来说，幼儿园比大学更重要。

我女儿静云读幼儿园时，我经常接送她上下学，与老师打交道比较多。

孩子幼儿园毕业时，老师邀请我作为家长代表发言时，我心底还闪过一丝犹豫："会不会是因为静云自身素质还不错，还是我的积极配合，老师才会给我这个机会，与其他家长分享教育心得？"

这个疑问一直困扰着我。

后来，静云成了一名小学生。小学只要求家长送到校门口，不允许我们进入校园，所以，我一直没有正面与老师交流的机会。直到第一次开家长会的前三天，班主任李老师主动联系了我，并且邀请我作为家长代表和其他家长分享育儿心得。那一刻，我才真正确定我对静云的家庭教育是有一定成效的。

3~6 岁是孩子智育路上非常关键的时期，多项研究表明，儿童在 4 岁时的 IQ（智商）与 17 岁时的 IQ 相关性是非常高的，换句话说，孩子 4 岁时如果智力表现优异，这种优越性很可能持续到 17 岁。

在本书中，我将通过分享若干 80 后、90 后妈妈的育儿经验，结合上百本育儿书的理论知识，以情景再现的方式，向家长介绍：如何陪伴孩子高质量地玩耍；如何简单巧妙地教给孩子一些实用的学习技巧，减轻孩子的学习负担，提高孩子的学习效率；如何"四两拨千斤"，获得孩子内心的认可，引导他们踏上自主学习之路……

若是家长能够在孩子大脑发育的关键期，好好把书中的要点运用到实践中，帮助我们的孩子，相信几年之后，我们都会拥有一个智力更加出众的好孩子，并且这些好的学习习惯与方法也将使孩子受益终生。

还有一点值得强调，那就是不论我们觉得他人的育儿经验有多好，多么富有成效，也不能完全照搬照抄，而应该把他人的育儿经验当作一种有益的参考。然后，结合自家孩子的实际情况摸索出一条适合自己孩子的育儿之路。另外，父母在帮助孩子提升综合素质、开发潜能的过程中，还应时刻提醒自己：我们面对的毕竟只是一个孩子，这需要我们有足够的耐心和包容心。

最后，希望每位家长都能培养一个优秀的孩子！

目 录

第一章　幼儿园三年，玩是最好的学习

玩是孩子的天性，能玩、会玩的孩子往往更聪明，在玩耍中孩子更愿意自主行动，积极思考解决问题的办法。玩耍不仅可以促进孩子社交、情感、语言和智能的发展，还能拓展孩子对大小、形状、颜色、重量及刚柔性等复杂事物的认知。

对于孩子的成长，玩耍与学习读写和做算术一样重要，家长需要做的便是引导。

第二章 体验，孩子需要在探索中成长与成熟

体验，可以让孩子在亲身经历中感悟，通过自己的知、情、意、行的个体参与，主动学习、积累经验、激发情感、获得发展。

不论我们给孩子什么都比不上帮助孩子成长，而在孩子的早期教育中，环境、行为和行为的后果给他们带来的体验与经历，才是他们成长的宝贵财富。

第三章 阅读，用书“喂”大的孩子爱思考、会学习

优秀的孩子，大都善于思考，知识广博，这些孩子，无一例外，他们都是被“书”喂养大的！

但凡历史上为人类科学和文化事业做出杰出贡献的人，也无一不是大量阅读的人，而他们阅读的习惯大多都是从小培养的。帮助孩子养成爱阅读的习惯可以说是孩子智育过程中不可或缺的重要一环。

第四章 画画，可以挖掘孩子的潜能

大量的心理学实验证明，孩子通过早期绘画所获得的知识与经验，可以帮助提高智商。绘画对于儿童的健康成长和素质培养都是非常重要的。

因此，不管孩子是否有美术天赋，也不管孩子长大后能不能成为画家，家长都应该鼓励孩子学习绘画，这对孩子的成长大有好处。

第五章　智力发育黄金期，不可错过这三年

每个孩子都拥有多种潜在智能，包括观察、记忆、表达、想象、思考、创新、专注等等。孩子智能的开发其实是有规律可循的，作为家长，应该掌握一定的方法，在日常生活与教育中多锻炼孩子的左右脑，并进行全面的开发与引导，让孩子的智力发育全速前进。

第六章　因材施教，让孩子的大脑得到充分的发育

孩子的大脑发育速度不尽相同，即使孩子在学校接受的教育是千篇一律的，身为家长的我们也要像园丁一样，尊重孩子大脑发育的个体差异，因材施教，尊重孩子的实际情况，帮助孩子树立信心，激发孩子自主学习的热情，让孩子的大脑得到最充分的开发。

第七章 知识很重要，学习方法更重要

法国物理学家朗之万说：“方法的得当与否往往会主宰整个读书过程，它能将你拖到成功的彼岸，也能将你拉入失败的深谷。”可见学习方法对于孩子来说有多重要。

3～6岁同龄孩子的智商都差不多，学习方法的好坏很大程度上是孩子成绩高低的重要因素。只有早早教给孩子一些好的学习方法，才能让他在众多孩子中脱颖而出。

第八章　这样教育孩子，效果事半功倍

爸妈都不是天生的教育专家，也没有上过任何岗前培训课程，我们都是一边上岗一边摸索正确的育儿方法，由于缺少育儿知识与经验，难免在日常生活中犯下一些低级错误。其实，教育孩子，只有掌握了正确的方法，才能起到事半功倍的效果。

第九章　爱孩子，就要陪孩子慢慢成长

每位家长都对自己的孩子满怀期望，但这个期望值一定要符合孩子的成长特点和规律。孩子的未来不仅仅是父母的，更是孩子自己的，孩子是父母的希望，但是绝对不是父母的傀儡。

家长不要一味按照自己的意愿给孩子设立过高的目标，而是要以一颗平常心去对待孩子的成长。家长应该让自己的爱和希望成为孩子腾飞的翅膀，而不是枷锁。

Kindergarten

第一章

幼儿园三年，玩是最好的学习

玩是孩子的天性，能玩、会玩的孩子往往更聪明，在玩耍中孩子更愿意自主行动，积极思考解决问题的办法。玩耍不仅可以促进孩子社交、情感、语言和智能的发展，还能拓展孩子对大小、形状、颜色、重量及刚柔性等复杂事物的认知。

对于孩子的成长，玩耍与学习读写和做算术一样重要，家长需要做的便是引导。

让孩子游戏，让孩子玩耍

人生如戏，戏如人生。人生像演戏，又像是一场几十年的游戏。我们却总是害怕孩子玩得太开心而忘记了正事，总是催促着孩子快点成长，赶紧成为其他家长羡慕的对象。

家长急着让3岁的孩子学习4岁才懂的知识，5岁时又抢着学习6岁的东西，6岁时又努力给孩子灌输初中才学的东西……结果孩子表面什么都会了，内心对学习的兴趣与生活的乐趣却都在家长的催促中消失得无影无踪。他们开始变得对学习内容没有好奇心，对艰深的课程缺乏学习兴趣，上课不认真听讲，注意力无法集中，等等。

许多知名人士曾说过，他们年少时曾受到父母的极度催逼，结果留下了难以抹去的创伤。比如美国神童诺伯特·威纳，他11岁上大学，14岁毕业，18岁在哈佛大学获博士学位，这是令多少家长向往的美梦啊，可是我们只看到威纳表面上的成绩，却不知道他在青年时期经常患有精神抑郁和心理障碍。在他的自传里，他痛心疾首地回忆了因父亲而备受压抑的情景：一有错误就得立刻改正。开始讨论时，父亲往往采用轻松愉快的交谈口吻，一旦出现错误，这种口吻便会戛然而止，继而这位和蔼可亲的慈父一下子变成了冷酷无情者。

许多儿童渐渐泯灭了自己的个性，他们努力变成父母希望的样子。在某种程度上，这些孩子内心觉得父母爱的施予要视自己的成功而定，他们很多时候甚至在内心怀疑父母并不爱他们，而是爱符合他们期望的孩子。

孩子变得如同家长所期望的优秀又能怎么样呢？孩子付出的代价太大了：他们牺牲了原本应该无忧无虑的童年；他们牺牲了太多与小伙伴们无拘无束玩耍的时间；他们外表年纪轻轻，可是内心却已经苍苍老矣，对生活没兴趣，毫无安全感可言，人生幸福感极低。这样的优秀付出的代价太大了。

在我的同学逼着和云云年龄差不多大的孩子在家写功课的时候，在他们学习各种暑假兴趣班的时候，我带着云云参观了长沙各地的博物馆，观赏了各种各样的矿石，看到了恐龙、海马象的化石，知道了文字的起源，了解了文字原来是写在各种不同材料上的，我们还看了各种各样出土的金属制品、陶瓷器、玉器等等。有些需要我耐心地讲解，有些我们是听解说员一条一条解说，有些我们只是走马观花式的路过。每年暑假我们都要去逛几次，只为开开眼界，就为云云看得高兴。我们还去各种游乐场玩耍，找小伙伴一起游泳、玩沙画、玩海洋球、玩蹦蹦床、玩水枪大战、玩摩天轮、玩丛林飞鼠、玩各种碰碰车等等。她每次都玩得满身大汗，兴奋不已。我们去户外寻宝，踏青，欣赏各种美景，认识各种奇形怪状的虫子、花朵、树叶，云云走很远的路都不喊累，总是拉着我们的手一直往前，往前……

英国有句谚语说得好：“整天用功不玩耍，聪明孩子也变傻。”在游戏中学习是幼儿的特征，游戏的过程就是孩子学习的过程。带孩子玩耍，他见的多，自然认识的多；问的多，了解的也多，知识面也比别的孩子更广阔，人际交往的时候更有谈资，无形之中也积累了大把的作文素材。

即使家长没有那么多时间带孩子出门去疯玩，总可以让孩子多玩玩具，多做游戏吧！你认真观察过孩子玩玩具吗？他们一边玩玩具，一边动手，一边不断思考，有时候还不断提问，期望了解事情的真相。他们想知道：

不倒翁为什么不倒呢？陀螺为什么会转呢？游戏不仅锻炼了孩子的动手能力，激发了他们的想象力、思维力，也启迪了他们的智慧。

玩是孩子的天性，也是人类的天性。

家长要允许孩子适当玩耍，并加以适当引导，这才是教育之道。孩子的创造力往往不是坐在那里拼命学习得来的，而是通过玩耍、游戏得来的。

玩耍的魔力

每当我们回忆起童年的快乐时，我们想到的是什么呢？肯定不是坐在教室里读书吧！大多都是一些与玩耍有关的事情。

当我回想童年快乐的事情时，我会想到很多次与小伙伴们一起抓鱼的情景，至今我还经常梦到儿时去河边抓鱼。家长是极力反对我们弄脏衣服抓鱼的，那个脏呀，也是够让人头疼的——全身上下全是泥，除了眼睛、鼻子露在外面，其他地方已经被污泥完全覆盖了。

记得有一次，傍晚时分，我们在浅水塘里玩耍，一个小伙伴抓了一条沙鳅夹在一个空的河蚌壳内，看上去前面露一个头，后面露一条尾巴，像极了一只大乌龟。小伙伴的奶奶本来是来责骂他怎么还不回家的，一看这个貌似乌龟的物体，乐得喜笑颜开，可是一看是条沙鳅，我的妈呀，翻脸比翻书还快，举起手板就打在小伙伴屁股上，我们站在一旁玩的孩子则乐开了花，哈哈大笑，这件事情至今令我记忆犹新。

还有一次抓鱼，我让一位肥肥胖胖的小伙伴在岸上拉住我，我倾斜着身子去捞小鱼。没想到手刚碰到小鱼，那位小伙伴非但没拉住我，还压在了我身上，把我直接压进泥里。我好不容易站起来，也顾不上擦洗，就这样走在回家的路上，回头率极其高。

除了抓鱼，我们还有爬树、摘莲子、采菱角、做游戏、听故事等各种项目，都是非常开心快乐的事情。

而现在的孩子呢，时时刻刻被电子产品包围，他们无法探索面对面游戏的乐趣，只想要方便快捷的娱乐方式，悠闲消遣带来的快乐已经消失了……

甚至还有一些更可怕的事情，一个孩子能一口气说出若干项要参加的密密麻麻的课外活动；一位母亲说他的孩子每个周末要参加六门培训课程。父母不让孩子给自己的童年做主，拒绝相信孩子对未来的憧憬，他们强加给孩子对成功的渴望，希望孩子获得高成就——赢得活动的奖品、考试拿高分、参加加分的活动，父母认为这样的人生才是成功的人生。真是不可思议啊，我们小时候可以无忧无虑地踩着自行车去玩，而他们却只有长长的学习计划，玩一小时都觉得很奢侈。

孩子玩耍到底有什么用呢？玩耍可以把我们从单调生活带来的厌烦情绪中解放出来，引领我们进入“心流”的境界。丰富多彩的游戏活动共同创造了无与伦比的心灵状态，令人回味无穷，也是让孩子快乐的关键。孩子与小伙伴们一起玩耍是他们的重要“工作”，远比考试拿高分重要得多。

当孩子不再玩泰迪熊、积木和布娃娃的时候，他们会重新找到其他的玩具和游戏。也许他会爱上足球而成为出色的运动员；也许他会爱上化学而成为化学家；也许他会爱上写作而成为作家；也许他会爱上美术而成为画家；也许他会爱上拼图而成为建筑师；也许他会爱上设计服装而成为服装设计师；也许他会喜欢思辨而成为哲学家……不管选择哪个领域，只要他认真地“玩”，他就有可能成为其中的佼佼者。

或许没有比掌握玩耍技巧更能带来人生快乐的事情了，童年愉悦的玩耍将会成为孩子快乐一生的源泉。

身边的探险远胜舟车劳顿的旅游

全家老少都要出门旅游了，邻居向我们打招呼，让我们顺便留意一下他们家的安全问题。我高兴应下了，在心里羡慕他们成年人可以去吃新鲜的海鲜，同时也有些担心他们家 4 岁的小家伙是否能适应。

7 天的时间很快过去了，他们终于风尘仆仆回来了。邻居并没有想象中那样玩得开心，只是对我说："太累了，累死了！"我随口说道："你们大人都叫累，那你儿子不就更累咯！"邻居脸上的表情更难看了，她有些后悔似的说："回到家我儿子就上吐下泻，还发烧了，现在在输液，他爸在医院照顾他，我赶紧睡会儿再去换班。"

尽管邻居家这次花了钱，费了力，还吃了亏，但是他们每逢节假日，还是想尽办法出国游玩，即使不能出国，也得出趟远门，好像只有领着孩子经历一番舟车劳顿，才能称作旅游一样。当然不管孩子有多么反感路途中的折腾与无聊，只要他们决定了，就一定要带孩子外出游玩。可是家长有没有发现，孩子喜欢的东西并不是外面才有？孩子需要的快乐随处都可以获得。

我刚来长沙时租房子住，房子外面有一个大阳台，那里有位叔叔种了许多的菜，一年四季都有。那儿是孩子们的秘密之地，他们在那儿挖蚯蚓、找蜗牛，看蝴蝶翩翩起舞，看蜜蜂辛勤忙碌，观察各种蔬菜瓜果从种子到发芽再到开花结果。那儿成为孩子莫大的快乐之源。我们要搬家时，女儿居然不愿意，她说："我不能离开这儿！"我没有强制她搬去新房子，只是说带她去新房子探险。

我们的新房子地处正在开发的区域，确实不及之前租房的附近好玩，有的只是高高低低的小土坡，还有高高的野草、大大小小的水坑。我们带着女儿来"探险"时，都顾不上鞋子会踩脏，主动在前面开路，时而踩进泥坑，时而走掉鞋子，乐得女儿哈哈大笑。在翻过许多个小山坡之后，她甩开了爸爸的手，表示自己可以单独行动。她爬上爬下，有时候看我行动不便，还会跑过来牵我一把。我不争气地陷进了淤泥中，对女儿嚷嚷着："宝贝，妈妈的脚拔不出来了。"她一边拉着我用力往上扯，一边嚷嚷着："拔萝卜，拔萝卜……"我一抬脚，一只泥泞不堪的脚与鞋终于出来了，她大笑着说："天哪，这里太好玩了！我也要去踩泥坑。"她找的泥坑是带很多水的，顾不上衣服会沾上泥浆，也顾不上鞋子会怎样，她就冲下去一阵乱跳，就像她经常看的动漫《粉红猪小妹》中佩奇与弟弟乔治一样跳泥坑，弄得满身泥水，这才罢休。

回家的路上，女儿对我说："我觉得新房子这边也不错，我们以后每周末就出去探险好吗？"我高兴应允，顿时心安：我们终于可以开心地搬家了。

接下来的日子，每个周末我都精心安排，为自己也为女儿。很多家长觉得陪孩子是一件痛苦的事情，为了让他们玩得开心，自己就像做出了伟大的牺牲一样。而我不这么认为，只要你用心了，你会发现，孩子给了你回味童年的机会，他们给了你单纯的快乐和彻头彻尾的放松。这些都是你自己得不到的享受。

我们家附近的梅溪湖每晚都有音乐喷泉表演，非常美，很多人爱看。除此之外，我们更感兴趣的是附近沙滩上的探险。

音乐喷泉表演过后，天已经非常黑了，待围观的人渐渐散去，我们就开始了活动。我们拿着手电筒、捞鱼网、小桶悄悄来到沙滩上。爱人负责打手电筒，婆婆负责提桶，我与女儿则负责摸鱼、摸虾。数不清的小鱼、小虾在戏水，这正合我意，一下抓一只，一下抓一只，别提有多兴奋了。运气好还能抓到小泥鳅与小黄鳝。满载而归之后，我们会把这些小鱼小虾养在玻璃鱼缸里，虽然养鱼技术有限，每次都养不足一个月就死光了，可是这个夏天我们捉来的小鱼总是前仆后继。

秋天凉意渐近，不能捉小鱼探险了，我们又转战岳麓山。十几分钟车程，我们不走车道，专挑小径走，因为我们要探险呀！我带着女儿，时而捡酸枣，时而捡板栗，每捡到一颗，她就会兴奋地说："哇，妈妈，快看，我捡到了！"然后是一串银铃般的笑声。回到家，我们又一起做酸枣酱，一起煮板栗，最后全家人一边品尝我们的劳动果实，一边谈论这次探险过程中发生的趣事。

冬天又会有什么可以探险的事情呢？在别的孩子逛商场、读兴趣班、去遥远的地方度假时，我们又悄悄出发了。到果园里采草莓、摘橘子，找各种颜色的落叶拼图案。等天气再寒冷一些，大雪降临的时候，我们还可以全副武装，在楼下堆雪人、打雪仗，玩得不亦乐乎……

大多时候带孩子出远门旅游就像赶场子一样，孩子累得气喘吁吁，还不一定能留下多深刻的印象。而家长如果愿意陪孩子一起在家附近不断探险，我相信他们会很开心，而且等将来长大了，甚至年老时，回味起家乡的记忆也是满满的幸福！

天赐良师——大自然

著名教育家陈鹤琴先生说："大自然是我们最好的老师，大自然充满了活教材，大自然是我们的教科书。"大自然蕴藏着无穷无尽的知识，是孩子们的良师益友，没有一个孩子不喜欢大自然。而信息化的时代给我们的孩子带来了高科技产品，也带来了钢筋水泥的高楼大厦，同时孩子们也远离了大自然这位"良师"。现在的孩子普遍想象力缺乏、体能不好、创造与动手能力差都是与此密切相关的。

我有一个朋友与丈夫离异后，独自带着3岁的女儿生活。她几乎每天都会带着女儿在四周游荡，她说她讨厌待在房子里的感觉，憋闷、难受。而她带着女儿游荡在大自然的时候，时常都会有惊喜的发现。他们爬山摘野果子，去竹林里拔竹笋，去湿地里捡蘑菇，去城市的边缘地带挖各种纯天然的野菜，然后把拍下来的一张张照片发到朋友圈。我们看到了孩子脸上灿烂的笑容，看到了朋友脸上的满足与快乐。

我们以为离婚的打击会让朋友消沉好一段时间，没想到她不仅没消沉，反而在大自然的熏陶下变得越来越开朗，越来越有魅力。受她影响的人越来越多，大家成群结队带着孩子组成了一个大队伍，一起穿梭在大自然中嬉戏、锻炼身体、谈天说地，大人放松，孩子也开心。后来，他们还给看到的不同的漂亮植物编故事，每个妈妈轮流来编，孩子们更是高兴得不得了。这种乐趣，要远远比在家中读绘本故事来得强烈，来得痛快淋漓。

我离朋友家比较远，虽然没有加入她们的队伍，可我时刻在关注她们，也在向她们学习。我看到朋友发展的十人小组，根据天气情况定期在每个周末带着孩子去公园或郊外回归大自然。他们"远足""爬树""登山""听鸟叫""捞小鱼、小虾""摘野花""滑雪""钓鱼"等等，大人一伙，孩子一群，玩游戏与传授知识并重，大家各自发挥特长向孩子们介绍这些物种的知识、用途。有位手巧的妈妈还领着孩子把各种野花做成家里的装饰品，美丽极了，有些野花还被栽种在家里的阳台上，惹得邻居羡慕不已。

在我看来，如果能够像我朋友那样组建一个妈妈小组，带着孩子一起出游，不仅场面壮观，对孩子也是十分有益的。孩子会从在大自然的游戏与活动中认识很多野生动植物，还能学习怎么与小伙伴相处，如何团结合作走得更远、爬得更高。当然，不是每个人都有时间与条件去干这些事情。家长至少可以因地制宜，充分利用社区的绿地、幼儿园活动场地等，带着孩子进行“放风筝”“拾落叶”“闻花香”“赤脚行走”“玩泥巴”“玩沙”等游戏。通过这些游戏，孩子们不仅在亲近大自然的同时锻炼了身体，也增强了动手能力。喜欢画画的孩子还能在领略自然风光之后，背起小画架来进行写生；喜欢摄影的孩子也能留下美丽的瞬间。我们还可以把书本中的知识与大自然联系起来，比如对着高山、大河、瀑布吟诵相应的诗词，读读《十万个为什么》等都是非常不错的选择。

云云接触大自然还算比较多，也比较放得开，她最喜欢做的事情就是跳水坑。每次出门我们都会多带一套衣服，见到水坑她就会问我们能否进去玩一会儿，我们允许后，小家伙接下来就是各种跳，从她那儿传来的一阵阵欢笑声中，我们能听出她是无比愉快的。我们还时不时带云云去捡落叶，一来教她认识各种不同的形状，认识各种树木，二来可以制作标本，还可以用落叶来作画——铺上一张大白纸，用双面胶把落叶固定在白纸的某个位置处，然后用颜料笔在落叶上加工画画，每完成一幅画，云云都要高兴地拿给全家每个人看一遍。

有位教育家说过，没有亲近大自然的童年就不是真正的童年。提倡自然教育法的斯托夫人更是认为，世界上再也没有比大自然更好的老师了，它能教给孩子无穷无尽的知识。可以说大自然既是一个智慧的课堂，又是一种鲜活的教具。所以，家长一定要尽可能带孩子亲近大自然，让孩子到大自然中去尽情畅游，探索大自然的无穷奥秘，扩大认知领域和生活空间。

大自然，培养孩子观察能力的不二场所

大自然这个巨大的怀抱里有着成千上万值得孩子去观察的事物，家长先别忙着随机挑选，也别根据方便程度来选择，而是应该把一切建立在孩子感兴趣的基础之上，他们才会喜欢，才会自发地认真观察。我主张观察之前先对即将要观察的事物有个初步了解，然后观察完最好能带回一点儿“战果”供孩子后续观察。

孩子一般喜欢动物多过植物，我们可以先从动物入手，例如，带孩子去捉蝌蚪、抓泥鳅。我女儿云云很小就了解青蛙的成长过程，读过《小蝌蚪找妈妈》的绘本，她见到蝌蚪就非常喜欢，捉蝌蚪成了她一大乐趣，并且还会邀请大哥哥、大姐姐帮她捉，有时候她自己捉不到还会礼貌地请别人送一只给她玩。当然，捉到的战利品肯定是要带回家养起来的。第一次养蝌蚪，没几天我们就发现蝌蚪全死了，女儿伤心地问：“为什么我的蝌蚪死了？为什么呀？”我跑去一看，天哪，云云居然放了许多油、盐、干辣椒在鱼缸里，蝌蚪不死才怪呢！我问她：“你为什么会放这么多东西进去呢？”她不解地说：“奶奶说这些东西可以调出好味道，我要给蝌蚪好味道的汤喝呀！”看看，机会来了！我趁机教她一些关于蝌蚪的知识，比如，蝌蚪吃藻类植物，等它长大一些，就会长腿，最后尾巴没了，变得像青蛙妈妈一样，到了那时它就可以吃害虫了。后来，我们又养了几只蝌蚪，带

回来的时候是极小的，我们就让云云用放大镜观察它们有没有长腿，她每天早上起床和放学回家第一件事都是看看蝌蚪有没有长出腿来。直到半个月后的某天，云云兴奋地尖叫起来："快来看啊，你们快来看啊，我的蝌蚪长腿了！"那时候云云年龄比较小，才3岁，还不会写字，如果再大一点可以把看到的写下来，孩子就会观察得更仔细、更认真。

我们观察过的小动物还有很多，比如金鱼、泥鳅、河虾、龙虾、兔子、乌龟、蚕、田螺、蚂蚁、臭虫、七星瓢虫、蚊子、萤火虫、河蚌、蚯蚓、蜗牛等等。每一次的户外遇见都是一种缘分，一定不能当什么事都没发生过，云云会摸摸它们，同它们聊聊天，叫它们的名字，问它们的需求，给它们食物吃，甚至带回家继续喂养，持续观察。

除了动物，植物在大自然中随处可见，应有尽有，也是孩子们的爱物。云云喜欢去户外发现各种新奇的小植物，遇见特别的还会搬回家，放在阳台上养起来。

在户外我们可以领着孩子搜集各种不同形状的树叶，回家制作好看的标本，给它们写上名字，还可以用不同的树叶来作画，这些标本经过孩子的随性加工，或许能制作出一幅非常漂亮且有创意的艺术品哦。家长也可以提前学习一下，然后在孩子操作的过程中，稍加引导。你会发现，孩子不仅玩得高兴，而且还玩出了花样，这也使他更加兴奋地期待下一次的外出。

德国教育家卡尔·威特说过，他会把孩子尽可能放在大自然中，他自己修了一个花园，不能去户外的时候，他也会把孩子放养在花园里，让他们自己玩，自己观察园里的花花草草。我觉得这其实挺容易做到的，不必担心没地方做花园，大多家庭都有一个阳台，把我们的阳台利用起来，就可以变成一个小花园。在阳台种上各种花花草草，既陶冶了情操，又增添了家的美感，更重要的是孩子喜欢，他随时可以去观察，去欣赏。比如：

“你可以种一株牵牛花，让孩子看着牵牛花生根发芽、长大，在小竹竿上刻上尺度的标志，插在花盆里，随着牵牛花每天的生长，让孩子绘出图表，做下记录。”云云曾经养过一盆莲花，我从观察那些莲子开始，每天都陪着云云一起看它们怎么生长。下面是我们的一些记录：

第 1 天，找个小盆，把 20 颗莲子用普通的矿泉水泡起来。

第 2 天，莲子开始冒气泡，时不时就冒一个气泡，身子在发胀。

第 3 天，有五颗莲子已经冒出了小绿芽儿。

第 4 天，已经有 11 颗莲子发芽了，余下没发芽的，我们替它们把壳剥掉，期待它们相继发芽。

第 5 天，15 颗莲子发芽了，能看到小小的未舒展开来的小荷叶了，期待长大，快快长大！

第 6 天，莲长高了一些，给它们换了一个大盆子，叶子叶子快快打开吧！

第 7 天，莲持续长高，荷叶几时有？

第 8 天，莲还在使劲长高中。

……

第 12 天，莲长得像豆芽菜一样高了，荷叶怎么一直没长呢？

……

第 14 天，莲已经长到 20 多厘米高，有几棵莲开始长白根了，我们开始担心，这么多能种在一个小小的盆内吗？

……

第 16 天，莲又长高了几厘米，我们在讨论要种在哪里的问题。

……

第 18 天，我们去湘江边挖了泥，用水浸了一晚上，终于把莲种入桶中，此刻我们的心情也像这桶水一样浑浊。能活吗？我们这么想。

第 19 天，云云早上兴奋地叫醒我：“我们的第一片荷叶出来啦！”

第 20 天，云云又发现另一片荷叶出来了。

第 21 天，第三片荷叶出来了。

第 22 天，我们去户外看到了大片大片的荷叶、荷花，云云更小心守护这盆弱小的莲了。

……

莲的叶子一片接一片地冒，云云一直细心爱护着，期待着某天早晨起来，会发现莲蓬头冒出来。

看看，是不是很有意思呢？家长还可以找一些相近的动植物让孩子比较细节，找出不同点，这也是个有趣的游戏。比如找出各组内生物的不同点：蜜蜂、黄蜂与大苍蝇，荷花与莲花，黄豆芽与绿豆芽，等。这样能培养孩子超强的观察力。

领孩子进入大自然观察，要从家长引导孩子观察到孩子学会自己观察。孩子小的时候，一般容易注意事物的不同点，而忽略了共同点，这就需要你在一旁提醒，教他观察时要集中精力、留心细节、区别假象、排除错觉、把握本质等。

快乐教养是获取竞争力的有利筹码

孩子在学校参加考试后会进行排名，看谁学得好，谁学得不太好。而如果也要给家长排个名次，看看哪位家长教得好，哪位家长教得不太好的话，那些懂得快乐教养的家长则具有较强的竞争力。

父母的共情是孩子心灵一道神奇的光

当我们看到自己的朋友不小心擦伤了手臂时，肯定会关切地问："有没有消毒处理呀？要小心伤口感染哦！"假如我们的孩子在家里跑来跑去，不小心撞到桌子上擦伤了手臂，家长也许会说："活该，早就叫你别乱跑了！这就是一个教训，看你以后还敢不敢乱跑，疼也要给我忍着。"

当我们看到同事工作失误被老板扣工资时，我们会安慰他："谁都有出错的时候，下次小心一点儿就没事了！加油干，总有一天，你会得到老板赏识的！"假如我们的孩子在学校犯了错误被老师责罚，家长也许会说："老师这还是罚得轻的，我要是你们老师非狠狠揍你不可，看你长不长记性！"

冷静思考一下，我们为什么对孩子与对朋友、同事的态度完全不同呢？这是因为我们认为孩子是自己生的，错了就应该受到惩罚，对孩子太过同情，就会宠坏他，只有让孩子吃些苦头，他才会成长。然而，孩子在成长的过程中感觉不到快乐，就有可能会疏远父母。

父母对孩子要有对朋友、同事一样的同情心，能够站在孩子的立场理解他们、包容他们、支持他们。当孩子能够感到被人理解时，他们就不会觉得孤独。当我们对孩子给予足够的重视与理解时，他们往往会鼓起勇气和力量去面对现实。

当父母经常与孩子共情时，孩子也会在父母的影响下懂得理解与同情他人。当有一天我们老了，走不动了，被孩子甩在身后的时候，他回头转过身来挽着我们的手说："妈妈，我陪你慢点儿走。我知道你走得很辛苦，我理解你！"这个时候就是你与孩子共情的那道光反照到了自己身上。

家长主动进入"孩子时代"，成为孩子的伙伴

生活中，很多父母认为，孩子就是孩子，自己是"过来人"，有着丰富

的人生阅历，我们希望孩子少走弯路，我们是为孩子好才让他们按我们设定的道路走。父母的心愿固然是好的，可是我们对孩子过度的关注与期望给孩子造成了无形的压力，使得孩子每天都过得很累，渐渐地，父母发现孩子离自己期望的越来越远，而不知所措。时代不同了，现在孩子所处的环境与我们以前已是天壤之别，育儿理念与方法也应该要与时俱进才能跟上孩子的节奏与步伐。很多父母都为此感到茫然。其实，虽然我们没有教科书可以学习，但是成为孩子的伙伴绝对是一个不错的选择。

家长想要与孩子打成一片，就必须了解孩子的想法，父母就要放下家长的架子，主动进入孩子的世界，看看孩子到底喜欢什么东西；经常陪孩子看看动画片，找找有什么地方是值得孩子学习的……

当父母把孩子当朋友，和他一起疯时，孩子才会把你当成自己的伙伴，和你亲近。孩子的内心世界是纯净无瑕的，进入他们的世界之后，你会发现他们的喜怒哀乐都装在里面。当孩子真正把父母当成自己的伙伴时，他们便不再惧怕，不再犹豫，而是真真正正地向自己的快乐进发。

孩子情绪不好的时候，不要强迫他学习

孩子是人不是神，很多父母把成年人都做不到的事强加给孩子。只因打了一个“为孩子好”的幌子，然后就可以像个暴君一样，不顾孩子的感受，恣意妄为了吗？

孩子也有自己的喜怒哀乐，而很多父母却在孩子不快乐或者情绪沮丧的时候，依然不管不顾，强迫孩子去学习，去上各种兴趣班。我们大人情绪不佳的时候尚且不愿意做事，更何况孩子呢？孩子在坏情绪下即便会因为父母的逼迫而学习，但学习效率不高，孩子也会从内心对学习产生反感。

如果这时候父母能够理解孩子，让他们暂时停下手中的学习去户外运动运动，或者给孩子讲讲笑话，听听孩子不快乐的缘由，帮孩子从不快中

解脱出来，那么孩子就会习得家长这种排解压抑的方法，从而更加积极勇敢地面对生活，阳光快乐地过好每一天。

愉悦的家庭氛围是对孩子学习最大的奖赏

孩子做错事了，家长不是打就是骂；孩子学不会知识，家长又是一阵大呼小叫……家里充斥着骂声与哭声，这样的氛围，孩子还怎么静下心来好好学习呢？

让孩子学习没有错，我们至少应该努力为孩子创造一个快乐的家庭氛围，让孩子在笑声中实现父母的教育目的。

斯宾塞有一句话说得很好，我经常拿来自勉，这里也分享给大家。他说："在一个家庭里，如果没有了孩子的笑声，或者学习的声音，那么这个家庭是没有任何希望的，愉悦的气氛是对孩子最大的奖赏。"比如，父母可以在家里经常陪孩子一起游戏，一起读读绘本，一起堆堆积木，一起看看动画片，一起讨论编故事与扮演故事，一起玩脑筋急转弯，一起玩走迷宫，有时候还可以开开玩笑自我解嘲一番。当孩子犯错的时候，则要多克制一下，思考最佳解决办法等，让孩子的童年充满笑声和快乐的回忆，这是每一位家长都要努力奋斗的目标。

学会时间管理，才能玩得更轻松

很小的时候，妈妈就教我如何管理自己的时间，她告诉我："如果你把必须要做的事情尽早完成，接下来你就有了很多自由玩耍的时间，你可以毫无思想包袱与压力地玩。如果你选择先玩，然后做事，就可能有两个后果：一是玩的时候老想着还有事情没做完，玩得不够尽兴，玩得有压力；二是你玩过了头，把必须要做的事情忘记做了，等待你的将是一场责骂。"

我记不清妈妈是什么时候对我说的，从我有记忆的时候开始，我便遵从这条规矩去行动。先完成必须要做的事情，然后尽兴玩耍。这么多年过来，我觉得这种感觉真是棒极了！现在，我也想将这一套方法教给我的孩子，让她受益。

精力最好的时候，做最重要的事

云云 5 岁后，我打算为她上小学做一定的准备工作，每天让她学识字 30 分钟。我们每天看电视节目《智象识字》15 集，30 个字，连学一周。这对于刚开始学识字的孩子来说，真是一件枯燥的事情，一天到晚精力充沛的云云学着学着居然睡着了。

刚开始云云觉得学识字是一件枯燥的事情，我想尽量把这种痛苦缩小，让她感觉不那么明显，以免引起她的强烈抵触与对识字课的反感。我将识字课调整为每天 20 分钟，10 集，学习 20 个字。调整后云云没有再打瞌睡，就这样一直坚持了下来。

在识字时间安排上，我们也曾做过多次调整。周一到周五，每天放学后，先写作业，然后看一会儿动画片，吃饭，散步，回来就开始放识字节目。周末两天完整的时间怎么安排呢？选择多了，问题就复杂了，我尊重云云的意见，她总是想把识字课往后推，早上说中午学，中午说晚上学，晚上的时候，玩了一天的云云已经累极了，学起来非常吃力。有一次，云云居然到了晚上十点多才想起来要学识字课，我们都睡了，她一个人坐在客厅学完才上床睡觉。

第二天，我问云云：“周六周日，晚上学识字课是不是觉得挺累的？学了还记不住，对不对？”云云说：“是啊，我应该早一点儿学的。”我顺势提问：“你觉得你什么时候最容易记得住那些字呢？”云云想了一会儿说：“我觉得早上吧，打开电视就学，肯定能记住。”我同意了她的观点，对她说：“好，我也觉得早上学识字课比较好，两三天就能记住字，接下来几天学起来就舒服多了。反正要做的事，开始难一些，以后就容易了，对不对？”后来，等我起床的时候，云云早已经自觉地学完了识字课。

选择让孩子在精力好的时候去完成一些重要的学习任务，一方面学得不吃力，另一方面学习效果也非常好，只要家长留意引导，孩子也是很愿意配合的。

根据孩子的情况调整时间，孩子更容易坚持

在孩子做事情的时候，家长也要多多观察孩子，尽量思考什么样的方法可以令孩子坚持下来，从中选择最容易坚持的手段。例如，我女儿学识字，如果我坚持让她学 30 分钟，30 个字，那她每次学完就会像经历了一次漫长痛苦的学习体验，就很难坚持了。而适当调整后，她就能更容易坚持，学得轻松，效果也会更突出。

关注孩子的行为，而不是目标

目标都是比较遥远的，不是一时半会儿就能够实现的。如果家长时时刻刻用目标教育孩子，孩子就会感觉压力很大，就会影响他的行动。例如，你现在还不认真学识字，以后你还有几千个字要学呢！家长老是这么提，这不是要吓坏孩子就是要吓退孩子的节奏。

家长应该关注的是孩子的行为，鼓励孩子认真学习，在学习中不断总结与思考更好的学习方法，不断改进，不断提升效率，让自己越学越轻松。只要孩子取得进步，就要表扬他，激励他继续努力。

教孩子学做计划，按计划行事

家长可以给孩子每周或每月做一个时间安排表格，把孩子要做的事情写在表格里，尽量按上面的计划行事。这样孩子的时间观念就会增强，做

事效率也会提升不少。

在给孩子做计划的时候，要把握两个重点：第一，订计划的时候一定要征求孩子的意见，让孩子认可。第二，计划要能够灵活调整，不恰当的地方，孩子可以提建议，家长要多观察，并做出相应调整，让计划更顺利被执行。第三，每天的任务不能排太满，计划表格多留空闲时间。任何时候我们都不要忘记幼儿时期的孩子仍以玩耍为主，他们更愿意在玩耍中学知识，学技能，尽可能多让孩子去做他们喜欢的事吧！

Kindergarten

第二章

体验，孩子需要在探索中成长与成熟

体验，可以让孩子在亲身经历中感悟，通过自己的知、情、意、行的个体参与，主动学习、积累经验、激发情感、获得发展。

不论我们给孩子什么都比不上帮助孩子成长，而在孩子的早期教育中，环境、行为和行为的后果给他们带来的体验与经历，才是他们成长的宝贵财富。

适应能力是 1，其他能力是 0

云云出生后，我们搬了一次家，自然云云也要换幼儿园了。为此，长辈们不知不觉担心起来，云云能适应吗？我口头上说“没关系的，孩子到哪儿都是读书，只要有小朋友一起玩耍就没问题了”，其实我心里也是七上八下的。

那天，我领着云云去幼儿园。刚到教室门口，正在上课的老师就示意所有同学安静下来，然后柔声问：“小朋友，你是新来的同学吗？叫什么名字？几岁了？”我从云云害羞的脸上看出了几分胆怯，但她还是勇敢地回答：“我叫刘静云，今年 4 岁！”班上有个调皮的小男生大声说了一句：“哇，又来了一个小美女同学。”云云一听，不好意思地“扑哧”笑出声来。老师顺势把她领进教室，安排她坐下。我做了一个加油的动作，便离开了。

中午，老师发了云云在学校的照片过来，说她表现非常不错，积极参加老师安排的各项活动。第二天，云云就在学校交到了好朋友。一天天过去了，云云居然完全没有出现我们意想中的大哭大闹或不想去上学的情况。后来，我找云云谈心：“宝贝，你知道吗，每个人去一个新环境都会有很多不适应，因为打破了原来的生活方式，但只要我们努力去适应，就会越来越好！”云云有种如释重负的感觉，她很激动地对我说：“妈妈，你知道吗，我去新幼儿园的时候很害怕，可是我没有哭，后来有新朋友跟我一起玩就好多了。现在我都认识老师、同学了，还学了好多儿歌，认识了好几个生字呢！”云云脸上满是自豪。

我觉得要锻炼孩子的适应能力，最好从孩子小时候抓起。家长不要太溺爱孩子，而应该放手让孩子去闯。整天在家里给孩子讲大道理，不让孩子到实践中去锻炼，导致孩子一遇到实际问题就求助父母。对孩子而言，能在实践中领悟的道理，就应该给他们创造机会去摸爬滚打，长见识、学本领、增才干，提高适应能力。

有的孩子在生人面前害羞，不敢讲话，这说明孩子社会交往方面的素质不高。孩子面对陌生人、陌生事物有抗拒、害怕的心理是正常的，越是如此，家长越不应当回避，而是应当经常带孩子多锻炼，多面对陌生的环境。久而久之，孩子就会变得大方起来，见人就打招呼，见人就能熟络起来，与人交往多了，问题就会迎刃而解了。

有的孩子听不得批评，怕挫折，只想赢却输不起，这证明孩子的心理素质需要锻炼。家长对这类孩子几乎束手无策，他们是不会听你一两句劝的。家长说："没事，别怕，没关系！"可是孩子不这么认为呀，怎么办？我个人摸索到最简单直接的办法就是给孩子读相关的故事。根据孩子的年龄挑选适合的书，绘本、传记、故事书等，通过了解别人遭遇挫折和解决困难的过程，孩子慢慢就能找到一条行之有效的路径，他的心理会潜移默化地发生转变。

培养孩子的适应能力就是培养孩子的综合素质，综合素质提高了，适应能力自然就增强了。

发薪水，让孩子学习富一代的财商课

孩子从出生开始就不断得到父母、亲戚给的红包及零花钱。不少父母在孩子3岁以前就会给孩子准备一个储蓄罐。这也是孩子真正接触钱的开始，然而很多时候，父母只是让孩子拿一会儿属于他的钱，然后钱就到了父母手中，新的一年，孩子又重新开始存钱大计。

孩子3岁后，慢慢开始对钱有意识了，家长可以带孩子去银行开个账户，把零花钱和压岁钱存起来，让孩子知道这是他的。然后再给孩子两样东西：一个零钱袋，一个存钱罐。父母可以告诉孩子，“爸爸妈妈相信你，让你自己管钱，你一定要做好这件事情哦”。

言传身教，经常带孩子购物

家长去超市的时候，只要方便，尽量带上孩子，挑选食材的时候给孩子说说你是怎么挑选新鲜水果与蔬菜的，挑选日用品的时候，说说你都会挑选什么牌子或什么功能的，为什么这样做，等等。可以当着孩子的面说：“这几种水果我都想要买，可是这超出我的预算了，算了，我就挑选其中一种吧！”家长可以带孩子留意身边的打折商品及怎么选择。还可以在孩子面前说：“这些东西我现在好想买，可是过不了多久就会打折了，我还是再等等吧！”孩子经常会有“什么都想要”的心理，到时候他就知道应该怎么办了！

给孩子准备一个零钱袋

刚开始家长可以每天给孩子一定的零花钱放入孩子的零钱袋，由孩子自由支配，让孩子买他想买的东西。孩子得知这个消息后肯定会兴奋不已！

孩子会花钱之后，我们开始增加对孩子放权的力度，一次把一周或一个月的零花钱放入孩子的零钱袋，由孩子自由支配，这就需要孩子合理安排，不然就会变成某些成年人一样，成为周光族或月光族，这种情况下家长就可以好好教育他们如何给自己的开支做计划。

在固定的时间，家长可以教孩子做零花钱支配总结，看看孩子的钱都花在什么地方了，家庭成员可以对其进行评价，提出好的建议。

预算与总结，家长要陪孩子坚持做

每次购物都要孩子做一个预算，一天不超过多少或一周不超过多少，以避免超支。

孩子花钱后，单据要保留好，家长与孩子一起坚持记账，孩子会写字以后可以让孩子自己记账。

家长的最终目的就是要让孩子有计划地花钱，开支有度

每月发“零花钱”，孩子管理得好可以适当增加零花钱。孩子也像我们成年人一样，总嫌钱不够花，多多益善，当孩子向我们要更多的零花钱时，家长可以告诉他“如果你管理得好，稍微加一点儿零花钱也是可以的哦”。

鼓励孩子把钱花在物有所值的地方，如果没管理好也不要批评指责他，我们很多成年人都管不好自己的薪水，何况一个刚接触钱的孩子呢！多多理解，鼓励孩子，让孩子自己发现钱花在了哪里，哪里花钱太多，哪里花得恰当。如果孩子发现“好像这个月买贴纸太多了，还买了好多垃圾食品”时，家长可以鼓励说：“你发现问题了就好，继续加油哦！”如果孩子告诉家长“这个月我买了好多书啊，这些绘本真是太好看了！”，家长一定要适时肯定孩子：“看起来你的钱投资得不错呢！”

适时引导孩子学会存钱，过程与结果同样重要

孩子有时候花不完那么多零花钱，家长可以适时引导孩子将花不完的零花钱存起来哦！

当孩子有临时收入时，比如，过年过节亲戚朋友给孩子一些红包或平时家长为奖励孩子给的一些零花钱，超过 100 元可以让孩子放入存钱罐，以后可以帮他存到他自己的账户上，不超过 100 元的可以放入零钱袋，同时把账记在本子上。

让孩子体验三种情况

孩子在支配零花钱的过程中，就像我们成年人一样难免会遇到意外情况，遇到让自己扫兴的事，这些情况我们也要注意让孩子体验。

一是零花钱弄丢了，让孩子体验到突发状况。

二是想买的东西都不能买了，让孩子体验到后悔。

三是花钱太多了，让孩子体验失败。

怎么样，挺简单的吧！就这样坚持下去吧！慢慢家长就能利用存钱罐与零钱袋培养出一个懂得如何花钱的孩子。这也是孩子最好的财商入门课。

打开孩子眼界的有效催化剂

家长要尽可能多给孩子创造不同的体验环境与体验活动，当孩子离开熟悉的家和幼儿园，来到一个陌生环境的时候，这种新体验不仅能刺激孩子的表达欲，还能充分为孩子提供思考和在朋友面前自信表达的素材，这

也是刺激孩子打开眼界的有效催化剂。

多陪孩子短途旅行，旅行能带来丰富的话题

许多家长认为孩子还小，根本记不住什么，带他们去旅行没什么意义。旅行并非要孩子记住什么东西，重要的是可以让孩子在陌生的环境中重新认识到自己的存在。另外，考虑到旅途劳累，其实孩子更适合大量的短途旅行。

在制订旅行计划的时候，我们可以邀请孩子一起参加，尽可能让孩子把自己的想法表达出来并且充分听取孩子的意见，对于年龄尚小，还不太会表达的孩子，或者是对旅游还很陌生的孩子，家长可以给孩子提供几个选项，引导孩子积极地参与进来。

旅行回来后，家长一定要找个时间和孩子好好聊聊旅行中发生的事，旅行中的新体验以及旅行中见到的美丽风景，我们可以翻看在景点拍的照片，这样会勾起孩子更加生动的记忆。表面上看只是家长与孩子讨论一下旅行中的所见所感，其实也是对孩子表达能力的一种提升和锻炼。

散步的乐趣，对孩子来说也是一种美妙的体验

孩子还小，父母工作又忙，经常带孩子去旅行可能不太现实。这种情况下，带孩子在家周围散步也是一个不错的选择。只要想着可以出门玩耍，就足以让孩子兴奋了。孩子非常喜欢拉上爸爸妈妈的手在小区里转上一圈，或者到附近的公园里散散步。路上遭遇的一切都将令孩子感到新奇，请家长多给孩子一些开阔眼界的机会吧！

家长可以与孩子在路上一起拍照，可以将日常生活中特别的琐事记录下来，这些都可以成为将来聊天的话题。比如：有一次我带女儿在水果店里买了一盒红毛丹，那是我们第一次买这种水果，我用手机拍了照。后来

每次看到这张照片，云云都会笑着说："只有我爱吃这种水果，爸爸妈妈都不爱吃！"又如：每个季节树叶的不同变化，家长都可以拍下来，以后可以拿着对比的照片给孩子看，让孩子看看不同季节树叶的不同。父母还可以留心观察日常生活中的细小变化，并将其用作和孩子交流的话题，孩子就会在不知不觉间接受到观察事物、分析事物的训练。

有心的家长还可以把散步游戏化，这样一来，孩子会更投入，更开心。比如，我们可以进行有主题的散步，还可以制订冒险的散步路线。有时候我会与女儿一起留心观察路上遇到的所有小虫子，回来后再一起讨论，见到了多少不同的虫子，它们分别长什么样，等等；有时候我会与女儿一边散步一边搜集各种不同的树叶作画；有时候我与女儿会以"天气的不同""早、中、晚时间段的不同""季节的不同"为主题展开讨论；有时候我会与女儿选择一条不同的散步路线，我们称之为"冒险路线"，去发现各种不同的新事物；有时候我会带女儿坐地铁或公交车去附近不同的地方散步，一路上同孩子聊一聊看到了什么店铺与物品，公交车上或地铁上遇到了什么令自己印象深刻的人，等等。我们可以引导孩子自然地说出自己对新事物的想法。这一切都能成为孩子将来用于表达、写作以及与人交流的素材。

给孩子提供丰富多样的体验机会

对孩子来说，没有比体验活动更有效的学习方法了。家长可以根据孩子的兴趣为孩子选择体验的主题：喜欢画画的孩子可以让他去参加画展、摄影展、艺术品展览等；喜欢运动的孩子可以让他去不同的游乐场体验不同的运动项目，还可以带他去户外探险、爬山等；喜欢阅读的孩子可以让他去不同的图书馆、读书角、博物馆等；喜欢户外活动的孩子可以让他去草莓园摘草莓，去养牛场挤牛奶，去江边钓鱼，去沙滩挖贝壳、玩泥巴，去爬山，观察蝴蝶、蜜蜂等小动物。

除此之外，还有很多可以轻松实现的体验活动，比如，带孩子去农家乐，带孩子去乡下，可以让孩子养花养小动物，还可以带孩子去动物园、海洋馆等，只要孩子可以玩的都尽量让他去体验一番。

无论家长带孩子参加何种活动，都要尽可能地让活动丰富多样化，孩子通过亲眼观察、亲手触摸的方式，可以学到许多书本之外的知识，还能体会到活动与学习的双重乐趣。通过这种方式学到的知识才真正属于孩子自己。孩子眼界打开了，能力提升了，知识丰富了，对将来可是益处无穷的！

告诉孩子，学习就是足够勇敢地犯错误

云云看到哥哥画的海底世界惟妙惟肖，一定要自己也画一幅。我二话没说，给她准备了画纸、颜料，结果云云用错误的拿笔姿势拼命在画纸上画起来。这一画不要紧，画出来吓我们一跳。家里有人说像一群兔子在草地上跑，有人说像一只熊在冬眠，有人说要么是一窝猫或者一群狗。此时回头再看看云云已经是泪眼汪汪，她不服气地说："这是我画的哥哥的海底世界！我不会画，我再也不画了！"说完居然委屈得哭起来了，还把颜料打翻一地，画纸也撕掉了。

看到这一幕，我知道大事不妙，赶紧抱着云云走出去看风景了，一路上关于画画的事情只字不提，只是告诉她这儿有什么花又开了，那边又有什么新建筑。孩子就是孩子，不到 5 分钟，刚刚的委屈就烟消云散。

这时，我知道教育的机会来了，我对云云说：“宝宝，你知道吗？每个人刚刚学会做一件事情之前都会犯各种错误，有些人怕犯错就不学了，于是永远学不会。有些人不怕犯错，坚持下去他就学会了。”女儿似懂非懂地看了我一眼，然后问：“那妈妈犯过错误吗？”我亲亲她的脸颊，告诉她：“有啊，妈妈也犯过很多错误啊！”小家伙一下子乐了，并且要求立即回家再继续画画。听她这么要求，我当然很开心，马上应允。

回家后，我们看到云云留下的满屋狼藉，当然这是我刻意让家人不要打扫留下来的，云云顿时不知如何是好，回头看了看我。我笑着说：“小宝贝，自己犯的错误要自己承担责任，你打扫干净再接着画吧，为了让你能快一点画画，妈妈愿意帮你一起清理。”她乐了，马上动手清理起来，一会儿，云云画了第二张海底世界，已经慢慢有了一些眉目了，起码能画出鱼儿吐的一圈一圈的泡泡，鱼身上也画出鱼鳞了，至少能让人看出这是一条鱼了。

此后，很长一段时间云云都没有再画画，我们以为她没兴趣了，没想到某一天，她提出要送我们家人每人一条鱼，这让我们喜出望外。她拿出水彩笔，4 岁的小家伙像个大画家一样开始询问我们的需求，她问我：“妈妈，你喜欢什么鱼呀？大鱼还是小鱼？”我乐呵呵地告诉她说：“大鱼！”一会儿，果然一条大鱼浮现在纸上。接下来云云又给奶奶画了一条大鱼，给爸爸画了一条大鱼，还给自己画了一群小鱼。鱼的形状千姿百态，但确实可以看出是一条一条的鱼，并且五颜六色，十分漂亮。后来哥哥从学校回来看到云云的画也不禁感慨：“妹妹画的鱼真漂亮，这个颜色比我用的还多！”云云拿着画笔在家里跑来跑去，高兴地嚷嚷：“啊，我会画鱼啦，我会画鱼啦！”接下来的日子里，她又陆续画了其他的东西，越画越好。

孩子要学的东西很多，他们感兴趣的东西也很多，在孩子每一次尝试与学习时，他们必定会为自己犯错而沮丧，甚至恼羞成怒做出一些破坏性动作，家长看到这一幕的时候，请记得一定要控制自己的情绪，让自己冷静下来，千万不要出言指责孩子不听话、没用，等等。也许你的打击会让孩子厌恶学习这件事情。

我一个朋友的女儿在小时候很喜欢跳舞，父母也给她报了舞蹈兴趣班，本来学得好好的，后来突然提出不学了，不管家长说什么好话，她都拒绝去学跳舞，最后只好作罢，孩子的这项特长也就没有再继续培养了。在一次闲谈时，朋友不无感慨地说："我估计这是我自己犯的错，有一天中午我在睡午觉，昏昏沉沉的，我女儿却在我房间跳来跳去练习她的舞蹈，我让她去大厅练习，她也不肯，非要跳给我看，一气之下我大声吼了她几句：'你跳的动作没一个标准，还跳什么跳，难看死了！'后来，她就坚持说自己不喜欢跳舞了，不再跳了。我现在肠子都悔绿了！"

家长朋友们，现在我们知道怎么做了吧？孩子犯错，先别急着纠正与批评，要告诉他们这并不是一件十恶不赦的大事，而是一件再普通不过的事，是我们想做好一件事情必须经历的。犯错不要紧，从犯错中汲取教训，继续努力，最后把事情做成才是最重要的。

让孩子在参与中获得快乐，提升能力

我从小对做饭没兴趣，虽然儿时做厨师的爸爸也教过我几道拿手菜，在熟人面前要要可以，在行家面前就真拿不出手了。后来我认识了特别会做饭菜的好朋友阿琳，吃她烧的饭菜是一种莫大的幸福，可有一点让我不解的是，她总不能独自完成做饭，非要我帮忙不可。

有一次我终于还是问出了心中的疑惑："为什么你一顺手就能完成的事儿非得叫我干呢？有时候你教我的时间比我来做这件事情的时间还长呢！"她笑了笑说："做饭是一种享受，你动手参与了，吃的时候味道也会格外鲜美哦！"我似乎明白了她话里的意思。

有孩子以后，我觉得好友阿琳这招用于教育孩子特别好使。孩子也是我们家庭的一分子，什么事情，只要她能搭上手的，就让孩子来帮忙做，孩子会感受到劳动的乐趣，会加深我们的亲子感情，最重要的是孩子的动手能力也在一次次帮忙中提升了，慢慢自己就能出师了。

我女儿云云刚开始学穿衣服时，婆婆说她太小了，还不能自己动手，手指没发育好。我坚持孩子能自己穿裤子就自己穿，我替她穿上衣也好。在一次一次练习中，云云已经可以很顺利地穿各种衣服，扣各种扣子了。

云云 3 岁多的时候，我切果盘就让她洗水果，慢慢地我又让她学着削果皮，当然拿刀切水果的工作我还是自己来做。云云洗完澡后，我让她自己洗衣服，她洗不动大件的衣服，我就让她洗小内裤和袜子，我们一人一个盆子，各洗各的。她刚开始不会，看着我放洗衣液泡一泡再用双手搓，她也有样学样地搓起来，后来她就能自己洗衣服了。像拖地啊，擦席子啊，洗鞋子啊等各种家务，云云早早就学会了。朋友曾经开玩笑说："天哪，你就不干正经事，天天在家剥削童工！"我知道，朋友是在赞美我教女有方呢，称赞云云动作麻利，干得好。

诚然，很多时候，家长都不忍心让他们去做家务活，可是家长却并不了解孩子的心声。他们觉得干家务活不累，而是将其当成一种游戏，一种享受，一种替家人服务的机会。不信你回家试试看？

在孩子成长的道路上，他们从无到会都有一个过程，什么都是学来的，如果家长时时刻刻都替孩子安排好，或者嫌教孩子的时间太长，那你就错了。你总不能替孩子干一辈子，早一点教会孩子，只要孩子能做的事情，让他自己做，也让他为家庭出一份力，让孩子早一点着手描绘自己的人生地图岂不是更好?

冒一定风险，孩子才能在不一样的体验中激活潜能

不知道你有没有这种感觉，当你尝试去做一件没有把握的事情时，你觉得自己能行，往往就会心平气和，非常淡定地想到许多处理这件事情的办法；如果你觉得自己不行，你的脑海里闪现的却是别人的嘲笑，脑袋里一片空白，什么也想不到。最后的结局当然可想而知了，因此那些觉得自己不行的孩子，成功的机会就更加渺茫了，大多会以失败告终。

在教育孩子的时候更是如此，当家长想办法建立起孩子的自信，让他变得更自信时，那他就会变得无惧挑战，敢于不断尝试，他掌握的本事也会更多。

我女儿很喜欢运动，我则有些担心，怕女孩子弄不好摔一跤，身上留个疤就麻烦了。爱人的想法完全不一样，他十分鼓励女儿运动。在女儿3岁多的时候就给她买了一辆自行车，带着她去冲上坡路，有时候爱人直接放手让女儿使劲踩，可是坡太陡了，自行车一直往下滑，我吓得不敢直视。没有让女儿下来，也不帮她推，只是不断鼓励她说：“很棒，你的腿越来越有力气了，使劲儿蹬，再快一点就上去了！”女儿咬着牙往上冲，还真的冲上去了，然后她得意地向我们炫耀：“爸爸妈妈，你们快看，我冲上来

了，是不是很棒？”我还没来得及说，爱人马上肯定地告诉她：“我的女儿嘛，当然棒！只要努力向上冲，你肯定能冲上来的！”他们笑着抱作一团，我虽然一脸紧张，但还是跟着笑，不说话。

女儿4岁时，爱人给她买回来一双溜冰鞋，我更是提心吊胆了。自行车好歹有辅助轮，只有在架空的时候才可能摔倒，这溜冰可太吓人了。要知道我童年一起玩的小伙伴就是在一次溜冰时把腿给摔断了，吓得我以后再也不敢学习溜冰了，所以至今我都不会溜冰。更搞笑的是爱人自己也不会溜冰，还要让4岁的女儿自学溜冰，这是不是有点奇怪？

女儿一放学回家，爱人就立即说：“宝贝，看爸爸送给你的礼物，一双粉红色的溜冰鞋，爸爸想看到你穿上它，自由自在溜起来！”女儿二话没说，立即开始试鞋。所有装备带上后，爱人带着女儿去楼下学习了，我当然是一万个不放心地跟着。

刚开始爱人看着我，我看着爱人，都不知道要怎么教，女儿则跳进草地玩起来，没想到草地上的摩擦力还蛮大的，居然可以自由走路。但我们凭直觉判断这样大步行走对学习溜冰丝毫不起作用，因为想不到好办法，只好让她就这样在草地上玩了一晚上。

第二天，爱人找来一根棍子牵着女儿，让她慢慢在水泥地上行走，虽然走得艰难，好歹走起来了。爱人很惊喜地说：“哇，我们家宝贝的平衡力真好，走得好稳啊！多走几次应该就能溜起来了！”可是我明明看到女儿一摇三摆，随时会摔倒的样子。我不敢说什么，只是随时伸出手接住她。

第三天练习溜冰时，爱人居然把棍子拿走了，女儿趴在地上不敢动。爱人让她站起来摔一跤看看，女儿乖乖听话站起身，然后趴倒在前面，她发现有了保护的装备居然不疼，胆子大起来了。她慢慢站起来，试着像小鸭子一样摇摇晃晃地走走停停，我一直小心地跟在后面。

第四天练习溜冰，楼下有一群小伙伴也穿了溜冰鞋来玩，女儿看到他们显得特别兴奋，很想加入，可是自己又溜不动。爱人鼓励她说："宝贝，你再努力练习几天就能像他们一样自由滑行了！你看是不是很酷啊！"女儿点头，然后冲出去就摔了一跤，爬起来再冲，一会又摇摇摆摆差点儿摔倒。一小时下来，她居然可以非常迅速地在广场上滑行了，最重要的是不会摔跤了！爱人抱着她给了一个大大的吻，大声赞扬道："我的女儿就是棒棒的，不怕摔跤，学得认真，所以这么快就学会了！"当然，她能学会，我比谁都开心，毕竟这是我害怕的玩意儿。我也竖起大拇指称赞她说："妈妈看到你认真学习溜冰的样子真是帅呆了！"云云赶紧纠正说："妈妈，我是女孩子，不能说帅，要说美丽！"我们一阵哈哈大笑，满足地回家。

每个孩子都有自己多方面的潜能，如果家长阻止他发展——比如，我当时如果对云云说骑自行车与溜冰太危险，随时可能摔跤，留下伤疤以后就会丑一辈子，那我想她这辈子也很难学会这两项运动了。她运动的潜能就会在我的话语下被埋没。而如果像我爱人那样做好一定的安全措施，冒一定的风险，不断鼓励她努力尝试，不断挑战，孩子就会在不断摸索中找到窍门，最终挑战成功。

用带有生命力的答案，回答孩子体验与探索中的问题

很多父母都说孩子的问题出奇的多，各种各样稀奇古怪的问题，经常问得人招架不住。其实，孩子问题多，家长应该感到高兴，孩子提问的增加，知识量也跟着增加。关键是父母要如何有技巧地回答孩子的问题，才能更加丰富孩子的想象力，又能满足孩子的求知欲呢？

孩子是最纯洁、最善良的，他们想象力丰富，探索精神十足，他们希望自己所见到的一切都富有生命力。家长回答他们问题的核心就是：给孩子一个带有生命力的答案！因为他们喜欢这样的世界。

当天上下雨时，孩子可能会问家长："为什么天上会下雨呢？"如果家长告诉孩子："地面上的水受到阳光照射以后变成水蒸气升上天空，水蒸气遇到冷空气又会变成原来的水滴，水滴越积越多，就变成云。云越变越大，越来越重，重到上升气流拖不住它们的时候就会下雨了。"孩子十有八九听不懂，觉得枯燥，他们的想象力也容易被你的条条框框给限定了。聪明的家长会告诉孩子一些不一样的答案，他们可能会说："老天爷看到地上的花花草草，还有树木都口渴了，所以就下雨了。它们喝了水，有的发芽了，有的开花了，有的长高了，有的结果了，好棒啊！"孩子听到这样有生命力的答案，会觉得特别可爱、有趣，自己在遇到一些自然现象时，也会做一番大胆的想象。

当遇上闪电、打雷时，孩子可能会问："为什么天上要闪电、打雷呢？"父母可以充分发挥一下浪漫主义精神，拟人化给孩子描述："天上住着的雷公电母生气了，估计他们这会儿打起来了。放心吧，过一会儿，他们气消了就好了！"也许孩子或多或少有了一些了解，他们并不会百分百相信你说的这些，但是他们也会觉得你这个答案十分有趣，有时候还会想一想"难道天上真的有神仙吗？"

家长完全不用担心把孩子教得不切实际，要知道优秀的科学家都有个共同的特点，那便是想象力丰富。我们也可以认为正是科学给了想象力理论上的根据。随着孩子知识的积累，从浪漫的幻想世界向科学世界，他们自然能好好过渡，而这种浪漫的想象力会让孩子愉悦，会给他们日后的生活与能力的培养带来更广阔的天地。

孩子在探索中学习，家长只需要当好观察者

意大利幼儿教育家蒙台梭利很重要的一个教育理念，便是提倡陪伴孩子成长的家长、监护人或者老师需要扮演的角色仅仅只是一个观察者。

孩子天生渴望求知，他们对世界充满好奇，时刻做好了探索的准备，随时在吸收新的知识养分。当孩子在做某件事情的时候，例如，个子太矮，拿不到高处的东西时，他们会尝试直接去拿，几次三番后，他们确认直接拿不到，就会环顾四周，看看有没有可以帮上忙的工具或物件。家长恰巧碰见了这个场景，一般会怎么办？我们大多数家长会以最快的速度冲上去，抱着孩子去拿那个物件，甚至责怪孩子不应该去拿超过自己身高的东西，殊不知这样的举动恰恰打击了孩子勇于进取、直面困难思考解决办法的动力与勇气，可谓是对他们自信心的重重一击。长此以往，你的孩子就会事事求助于你，难道家长希望培养出这样没有动手能力的孩子吗？

如果家长们换一种处理方式，结果会是怎样的呢？我们站在不打扰孩子的角度，只需要付出一点耐心，安静观看孩子如何去做，就像观看一场表演一样去观察、去欣赏。孩子也许会搬过来一张小凳子，如果要取物件的高度恰好合适，孩子会高兴取下物件，并且双眼发光，流露出兴奋的表情，也许孩子看到家长在，还会在你面前摇晃几下他取到的东西。当然，孩子也有可能像绘本故事书中的大卫那样，做出一些危险的动作，这时候家长可以告诉孩子这样做的风险和结果，然后引导孩子找出一条可行的途径，让孩子自己动手去做，家长继续观察便可。

孩子终将慢慢长大，他们也终将面对这个社会，他们要凭自己的能力生存与处世。家长不能替孩子而活，也不能替孩子掌握各项技能，所以，

我们只能把主动权交给孩子，尽可能让孩子自己动手，自己去挑战、去摸索。当在孩子一次又一次获得成就感的时候，他便会获得技能，获得征服下一场更高难度挑战的信心与勇气。

孩子学生活技能的时候，家长可以耐心陪伴，静心观察，可是到了孩子读书学知识的时候，有些家长又无法淡定了，开始想方设法设计孩子的未来。

孩子学习时，家长一直在陪伴，在指导，孩子似乎学得比较轻松，表面上看这并没有什么问题，家长称得上有责任心，陪伴孩子成长。可实际上呢？结果却并不像我们想象中那么美好，孩子久而久之就会养成一种不良习惯，上课没认真听课不要紧，反正不会的题目，爸妈会教；答题时遇到难题，自己动脑多费劲，不如直接请教爸妈。长此以往，孩子的思考能力、学习能力都大打折扣了。

我在微信朋友圈曾读到过一则教育报道，大致内容是这样的：一个孩子写了一篇文章，说自己做作业时，妈妈从来不陪，只顾忙自己的事情，即使不忙的时候也在看自己的书，做自己的休闲活动，就是不陪孩子学习。有一次，孩子问妈妈："别的父母都陪孩子学习，你怎么不陪我呀？"妈妈回答："学习是你的事，我也有我的事，咱们各做各的，挺好的呀！"孩子见妈妈没希望陪自己了，就每天主动安排好自己的作业时间，按时在自己房间做作业。孩子遇到不会的题跑去问妈妈，没想到妈妈还是说："你不会妈妈也不会呢，你自己再翻翻书看看，再想想，如果还不会就去学校问下其他同学或者老师吧！"孩子怎么办呢？他只有自己翻书重新复习一遍，如果还不会就真的只能去学校认真请教同学了。孩子慢慢养成了课前预习、课后复习的好习惯，因为孩子深知妈妈"靠不住"，只有自己想办法把知识全部掌握了。最后，孩子在全校表彰大会上将自己取得年级第一名的功劳归结于自己的"懒妈妈"教导有方。

孩子自己的事情，孩子就应该是主角，家长任何时候都不能越俎代庖，只有涉及人身安全、可能出现危险的时候，才需要出面合理引导，将孩子拉回来即可。大部分的时候，我们都把主动权交给孩子吧，这样你才能培养孩子的自主能力，慢慢成为一位教导有方的优秀家长。

Kindergarten

第三章

阅读，用书“喂”大的孩子爱思考、会学习

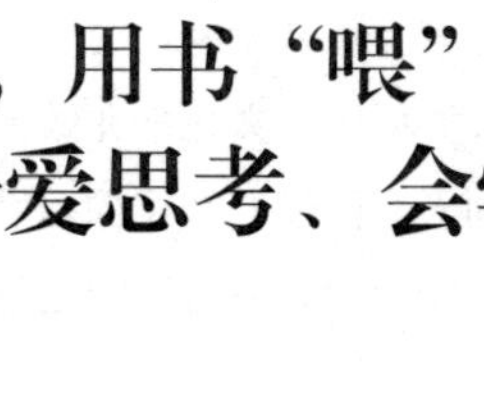

优秀的孩子，大都善于思考，知识广博，这些孩子，无一例外，他们都是被“书”喂养大的！

但凡历史上为人类科学和文化事业做出杰出贡献的人，也无一不是大量阅读的人，而他们阅读的习惯大多都是从小培养的。帮助孩子养成爱阅读的习惯可以说是孩子智育过程中不可或缺的重要一环。

90% 的能力可以通过阅读获得

孩子 6 岁前是生活习惯与学习习惯的形成时期，也是孩子各种能力发展的黄金期，而这诸多的能力培养，有 90% 可以通过阅读来获得。

有些家长觉得很奇怪，为什么孩子小学一二年级时成绩明明很好，到了三年级突然就落后了呢？三年级成了很多孩子学习成绩的一个分水岭。那是因为前期学知识，只要孩子死记硬背就能掌握，谁练习的多、记忆力好自然成绩就好。可是随着知识面的拓宽，知识的复杂化，孩子如果相应能力没有培养起来，自然就不行了。这种复杂的思维很难通过简单的一两次训练就能获得，但是家长可以通过持续阅读来训练孩子的思维能力。

阅读能力要满足两个条件才能发展起来：一是要有连续性，而不是断断续续，家长最好在固定的时间，例如，睡前半小时陪孩子读书，这样更容易让孩子养成阅读习惯。二是要保证一定的量，而不是反反复复读几本孩子喜欢的绘本或睡前故事，一般幼儿一年的阅读量要达到 50 万～ 100 万字才可以让这种能力萌芽！

很多家长想给孩子阅读，却不知道要给孩子读什么，经常让我推荐书单。我个人比较推荐从兴趣入手，慢慢拓展到其他领域，越宽越好，漫画绘本、天文地理、文史经哲、小说散文，都可以让孩子涉猎，知识都是相通的，学的多，看问题的面就会全面一些，往往分析问题得出结论也更接近事实的真相。

1. 从孩子感兴趣的书入手

读书是一件很快乐的事，家长不要逼着孩子进行，前期孩子不习惯，那我们可以选择从他们感兴趣的书籍入手，慢慢再拓展到其他方面。例如，云云刚开始最喜欢的是关于小动物、水果类的书籍，我就把各种动物、水果的绘本、撕不烂书、卡片、有声读物、立体书换着拿给她读，让她知道一样的知识可以有不同的展现形式、不同的表达方法。

2. 与孩子喜欢的动画片相关的书籍

孩子都有爱屋及乌的包容力，喜欢哪部动画片里的人物，也会喜欢读关于他们的书。例如，云云有段时间很喜欢看《海底小纵队》，我就借相关主角的绘本给她读，厚厚的一本，有好几千字，她也是读得津津有味。

3. 与孩子日常生活相关的书

这些书除了孩子熟悉、愿意读之外，还可以从中学到很多实用的知识，这比家长耳提面命，苦口婆心的口头教育效果强太多了。例如，云云 3 岁前，我会给她读吃饭、穿衣、穿袜子、穿鞋子、刷牙、洗脸、洗澡等等家庭生活的书籍，她也会要求自己来做这些事情，我们就在一旁慢慢教，这些她早早就学会了；云云情绪不太稳定的时候，我会给她读各种关于情绪管理的系列绘本，她会慢慢试着用故事里主人公的办法来调节情绪；只要孩子生活中看到过的，经历过的，或者以后即将经历的，家长都可以拿来读，习惯篇、爱心篇、搬家篇等等都可以读给孩子听。

4. 成套成系列的书籍

阅读成套成系列的书籍，孩子可以跟随熟悉的主角经历一场又一场风波，一次又一次历险，从而慢慢成长。例如，云云读过的系列绘本就有很多，像《小小弗洛格成长故事（全 8 册）》《宫西达也恐龙系列（全 6 本）》《巴巴爸爸系列（全 10 册）》《可爱的鼠小弟（全 12 册）》《小乌龟富兰克林系列（全 8 册）》等等。

5. 阅读书籍以绘本为主

孩子识字不多的时候，主要还是以带图的绘本书籍为主。当家长反复带孩子读过几遍之后，他们也能看图说话，复述故事的大概内容，有些记忆力好的孩子甚至能够一字不差地复述出来，让家长惊讶不已。我给云云读过的几十册她喜欢的绘本，在复读的时候，不小心读错一个字，都能被她指出来，而她自己也能一字不漏地背出很多内容。

6. 编故事，表演故事

为了增加阅读的趣味性，锻炼孩子的口语表达与写作能力，家长还可以引导孩子自己编故事，一起表演故事。反复训练，孩子很多能力都能得到持续锻炼。云云 4 岁左右就开始自己编故事，有时候她还能自己配图，让我们写文字，有时候录音口述故事，然后由我们陪她表演故事内容，大多数时候我们是通过手影游戏的形式来表演的，孩子玩得十分高兴，也很喜欢这种游戏方式。

亲子阅读，越早起步越轻松

朋友圈不少宝妈问我云云是怎么爱上阅读的，她们的孩子为什么就不喜欢读书呢？我只能简单地告诉她们：云云是从几个月开始亲子阅读的，习惯成自然，不读就会不舒服。

年轻一代家长大都忙于工作，认为孩子还小，学不到什么东西，一直等到读小学一年级，才开始从爷爷奶奶或者外公外婆手中把孩子接过来，这时候家长朋友们会发现孩子很多习惯养成的关键期已经过去了，比如：

孩子的阅读习惯如果没有养成，那么家长在以后的生活中就要付出十倍，几十倍的努力去培养。其实静云未出生前，我是打算等她出生后交给爷爷奶奶抚养的，后来我读了大量的育儿书籍，最终得出一个结论：孩子入小学前是养成良好习惯的关键时期，一定要带在身边。

有些家长朋友们虽然知道亲子阅读对孩子有一定的好处，但是他们又不愿意或者没时间学习如何去陪伴孩子阅读，只是简单地让爷爷奶奶送孩子去早教机构，把孩子早期阅读的任务都交给了老师。我们都知道每个孩子兴趣爱好都不一样，可是早教老师的教育方法与内容都一样，这里就出现了一个问题，您的孩子很可能对老师阅读的书籍没有兴趣。

还有一些家长属于三分钟热度型的，孩子刚出生时，便信誓旦旦要尽自己最大的努力把孩子养育好，甚至为了孩子辞职在家专心教育孩子。有些家长在与孩子亲子阅读时给孩子读了几天或者十几天，发现孩子根本没有听自己在读什么，甚至不断推开书籍，于是随便找借口，或听之任之，放弃了继续亲子阅读，反而给孩子贴了个“不爱阅读”的标签。

有些朋友可能会说不少媒体报道，也指出孩子拔苗助长，过早识字，甚至入小学前就能自由阅读，也会导致孩子学习兴趣被抹杀，天赋无法正常发挥。是的，的确会有这种情况发生，这就需要我们家长不断学习育儿知识，只有自己掌握正确的方法，才能正确地育儿，以达到最佳的效果。那么，具体怎么做呢？我个人摸索出来的育儿经验就是：保护孩子的兴趣，创造机会让孩子多尝试。下面我就举例来说明。

云云刚出生的时候，我不断在她耳边唱字母歌，她五个月就能说“a,o,e”，并且发音准确。也正是这份惊喜让我更加确信育儿书里说的早教方法确实有用。从云云第 5 个月开始，我为她准备了大量的黑白卡片、彩色卡片、撕不烂书、墙壁挂图，指着卡片或书本读着上面的图案或文字。刚开始的时候，云云对吃的兴趣强过阅读，抓着卡片或书籍就往嘴里塞，吃得满是口水，后来好一些了，就开始撕卡片、撕书，我并没有大声呵斥她，而是乐呵呵看着她撕，她手劲越来越大，连撕不烂书都撕掉了好几本。婆婆劝我说：“别浪费钱了，等孩子大一点再教吧，现在能读什么呀？啥都不认识！”但我内心非常坚定要继续读下去，所以并没采纳婆婆的建议，还是每天认真给云云读书。奇迹出现了，云云只要看到小动物、水果类的图案就会显得特别高兴，还时不时伸出小手在上面摸一摸，点一点。

接下来的日子里，我专挑各种各样的水果类、小动物类的绘本读给她，尽管内容是重复的，可是形式却不一样，材质也不一样。云云一岁多一点的时候，就能认出很多动物与水果了。爸爸在电视上放出二十几种动物，云云只看了一遍，基本就能够叫出名字。这不仅给了我巨大的信心，也给了我们全家莫大的安慰。

后来，云云不仅不撕书了，还爱上了阅读，有时候我忙于工作或其他事情的时候，云云会拿着绘本到处找我，找不到我的时候，就让爸爸读，让奶奶读。每天就像吃饭一样，她一定要读一会儿书才安心去玩或者睡觉。

动物与水果的书籍读了几十本之后，我开始拓展到小故事类、植物类、交通工具类、科普类的书籍，云云也都愿意跟着认真读。有些她会反复要求读几遍，直到自己也能看图说话读出来，时刻让她感受到读书是一件快乐的事情。

随着云云的读书量越来越大，我就去湖南图书馆办了两张借书卡，一次可以借 32 本书，为期一个月。当然，有时候我也会带着云云去图书馆，让她自己挑选喜欢的书籍，她也是乐此不疲。

一直到现在，云云读的绘本也有两千多册了。有时候她会自己口头编故事讲给我们听，有时候她会画一幅画，然后口头编个故事，让我代笔写下来，第二天又让我把她自己编的故事读给她听，并且十分开心夸自己说：“我编故事的本领真好，我将来要做一个绘本作家！”谁知道呢？说不定还真有可能呢！

起步早，一切顺其自然，水到渠成，我觉得十分省力。可是有的孩子早期没有进行亲子阅读，幼儿园阶段才起步，孩子又不爱阅读，怎么办呢？

我侄儿图图来我们家的时候是三岁多，在这之前一直与奶奶在乡下生活，每天都是吃吃喝喝，余下的时间玩游戏，从来没有接触过书本。我们有缘相识，还住在一起生活了五年多，他也由刚开始对读书十分排斥到追着我读书，这期间我花了两年多的时间才让他慢慢养成自主阅读的好习惯。这里我的核心还是：为了孩子，一定要坚持，不能放弃！

每个月我都会去图书馆三四次，每次都会带上图图，刚开始他对读书不感兴趣，不愿意去，我告诉他图书馆有自动贩卖机，进图书馆之前，他可以买一次零食，出图书馆之后，还可以买一次零食，只要不是垃圾食品就可以了。他是冲着好吃的零食才与我一同前往的，每次进馆后，一本书读几页就吵着要回家。我会让他看看周围其他的小朋友是如何认真读书的，然后让他坐在别的小朋友旁边一起听，结果他最多也只能坚持半小时左右。我看他很不高兴的样子，也不会再勉强，就带他出来买零食吃。

有人也对我说过："别再做无用功了，小孩子爱不爱读书真是天生的，你看你女儿多喜欢读啊，你侄儿就不是读书的料。"可是我不信，我觉得习惯是可以养成的。前几个月，我们收效甚微，我还是继续坚持着，后来我要求他在图书馆读一小时，才有零食奖励。没想到他居然做到了，在图书馆还交到了好几个朋友，大家还相约周末一起来读书，慢慢地，图图喜欢去图书馆了。而每次从图书馆借来的书，他也会认真读，然后周末去图书馆与小朋友分享。两年后，图图爱上了阅读。

图图读小学一年级时，老师说他的阅读量很大，很多科普知识都懂，并且写作能力很强，已经能够写满整整一页纸，把事情的时间、地点、来龙去脉讲述得非常清楚。

家长朋友们，阅读习惯是逐步养成的，如果以前没有打好基础，从现在开始还不晚。把以前落下的全部弥补回来，今天就动手吧！从孩子感兴趣的内容入手，孩子喜欢动物就先读动物类的，孩子喜欢交通工具就先读交通工具类的，读到孩子十分熟悉之后，他自然会知道书籍的魅力，能够让他懂的更多，慢慢就会愿意读其他的内容了……当孩子爱上阅读之后，他们可以从书籍里面求知，我们的育儿之路也会轻松很多。加油吧，我可以，你们也一样可以的！

时间有限，要读就读经典

我陪女儿在新华书店选书，一位妈妈跟在我们后面观察了好一会儿，我有些摸不着头脑，不知道她到底想干什么。最后，那位妈妈终于忍不住跑上前问我：“你给你女儿选什么书，可不可以给我看一下，我女儿同你女儿差不多大，可是我不知道要给她买什么书。”我看了一眼小朋友，问她读什么班，她果然只比我女儿大几个月，而且以前由奶奶带，除了幼儿园的课本，基本没读过什么课外书。

怎么给这位年轻的妈妈推荐呢？我脑海里顿时浮现出很多书名，但是也不能让她一下子全买回去呀，而且这家书店虽然大，但逛了一圈后发现，很多经典的书还是没有。怎么办呢？突然，我脑海里灵光一现，总结了一句：“您给孩子读经典的书就行了！您可以去找服务员拿一份孩子在这个年龄段阅读的书单，然后让孩子看看对哪本感兴趣，挑选他感兴趣的就可以了。”

我记得刚给云云挑选书的时候，我是特别兴奋的。一个劲儿地买买买，后来去了图书馆又是借借借，各种各样，估计云云能读的就都拿回家了。我发现，有些书云云翻开就没兴趣往下读了，有些书她会读得非常认真，并且拍手叫好，反复地对我说：“好棒，妈妈，这本书太好玩了，再读一遍！”例如《迟到大王》《好饿的毛毛虫》《小黑鱼》《妈妈的红沙发》《猜猜我有多爱你》《逃家小兔》《可爱的鼠小弟》等等。云云喜欢的，我就会反复读给她听，从方方面面让她去吸收。我向好朋友推荐《迟到大王》的时候，好朋友立即拒绝说：“天哪，我女儿肯定以为我在说她是个迟到大王，立即就会把书给扔掉。”我告诉她不会这样，这本书很有意思，故事中的小男孩每天都是很早去上学，可是路上却遭遇了很多事情导致他不能按时到达学校。并且他告诉老师事情的真相时，因为太荒唐，老师不仅不相信，还要让他写下几百遍不能说“地下水道有鳄鱼”，不能说“遇到狮子”，不能说“被大水冲走”，等等，因为老师认为小男孩说的这些事情根本不存在，后来小男孩终于没有遇到什么事，及时赶到学校时，老师却被大猩猩给抓住了，当老师向他求救时，小男孩模仿老师的口气说：“老师，这世界上根本就没有什么毛茸茸的大猩猩。”说完，路过了，并没有搭救老师。我女儿反复读，反复拍手叫好，刚开始我摸不透好在哪里，怕她学着不信任老师。后来，云云对我说：“妈妈，老师不信任这个小男孩，还惩罚他，小男孩一定很生气，可是他仍然坚持去学校，就是因为只有上学才能学到有用的知识，我说的对吗？”我喜出望外，没想到4岁的女儿是这样理解这个故事的。我亲吻她表示认可，并且告诉她：“有时候别人是因为没有经历你的处境，可能误会你、冤枉你，但是如果这件事情是你的责任，你就不能放弃，还是要坚持去完成任务的。日后，事实会证明一切，到最后老师也知道他错怪小男孩了，是吧？”云云点头表示认可。

我给云云读过的绘本故事书有一千多本了，而我发现她真正喜欢的，印象深刻的却很少。后来，一群新手妈妈在一起讨论时，我们发现孩子喜欢的那些绘本居然大同小异，不论男孩、女孩，他们最喜欢的绘本几乎是一样的。我女儿觉得喜欢的，我推荐给他们的孩子读，他们的孩子读后也觉得很棒，而他们孩子读过觉得好的推荐给我，我让云云读后也觉得很棒。我开始思考一个问题：“我是不是应该有选择地给孩子读书？如果我给她读的都是经典书籍，效果是不是会更好一些？”

我开始整理书单，参考了不少家长的建议，也参考了书店销量，还参考了网上一些书店店主给的建议。我发现一个捷径，那就是新手妈妈们可以直接上某电商网站上搜“绘本”就能找到 0 ～ 9 岁不同年龄段受孩子欢迎的绘本，我反复核对过，非常完整，连我自己整理的名单都包括在内了，还有许多我没整理的，后来我一一买回来给孩子读，也发现这些书确实非常棒。

家长有自己的工作，有自己的休闲，我们说陪孩子读书的时间要持续到 9 岁，孩子慢慢自己识字了，我们的陪读工作才会减轻一些，但最好能坚持到 12 岁。十多年的亲子阅读时间，平均下来每天的阅读时间其实并不算多，也许只有 1 小时，甚至 10 分钟。如果闲书、杂书都拿来读，那样会浪费很多精力与时间。所以，列一份书单再去找书吧。寻找书单的途径非常简单，上网上书店看看，或者在微信搜关键字，如“3 ～ 6 岁绘本经典书单”就能找到许多相关图书，再或者可以向其他妈妈咨询，让他们推荐书名给你。让孩子们行动起来吧，多读书，读经典好书，反复读，往往一个经典的故事能给孩子带来许多收获。只要家长朋友们带孩子读起来，就能慢慢体会到其中的乐趣。

挑对绘本的秘诀，其实很简单

犹太人几乎已经成为智慧与财富的化身。研究发现，犹太人十分重视教育，人均阅读量也位居世界前列。据说犹太人会把蜂蜜滴在刚懂事孩子的书本上，使孩子从小就明白知识像蜜一样甜，要想多吃蜂蜜，就必须多学习，掌握智慧。

绘本就是以图画为主要内容的书，也是最适合孩子早期阅读的书籍。给孩子挑对绘本，就像给孩子选择了优秀的童年小伙伴。很值得庆幸的是，我们家边上的两个儿童图书馆收藏了大量的低幼绘本，我分别在这两个图书馆办理了借书卡，只要想读，图书馆就能为我源源不断供应无数优质的绘本，并且不断更新。家长朋友们在开始给孩子买绘本之前，也建议你不妨先好好利用当地的图书馆。

那么，如何为幼儿园阶段的孩子挑选适合的绘本呢？我就个人经验总结了以下几点：

1. 3～4岁的孩子，投其所好，选择一些文字不太多，故事情节简单的绘本

如果孩子3岁前就已经接触了绘本，这时候家长应该十分清楚孩子喜欢读一些什么样的绘本，讨厌读一些什么样的绘本了。我们可以挑选一些孩子喜欢的，并且适当搭配一两本他以前没尝试过的绘本，从有意思的小故事绘本拓展到简单的科普知识绘本，或者认识一些生活物品、交通工具、各种动植物，等等。值得注意的是，如果孩子对你加入的新绘本类型十分反感或者不愿意读，家长可以先放一放，继续给孩子读他喜欢的绘本，等以后孩子大一些再尝试其他类型的绘本。

2. 4 ～ 6 岁孩子，可以尽量挑选一些获奖类的绘本作品来读

绘本很多，质量参差不齐。简而言之，孩子要求反复阅读的可能就是好绘本，孩子不愿意读下去的绘本可能就不符合孩子的口味。如果家长不懂怎么挑选，也可以让其他家长推荐，还可以直接给孩子挑选获奖绘本来阅读。一般在绘本的封面上都有获奖情况介绍，常见的绘本奖有美国凯迪克大奖、英国格林威大奖、德国绘本大奖、波隆那国际儿童书展最佳选书、布拉迪斯国际插画双年展大奖、国际安徒生奖等等。获奖绘本往往都有它的可取之处，往往通过精彩的绘画和故事讲述了一些做人与处世的道理，我们可以反复阅读给孩子听，让他们去感受与揣摩，慢慢理解。

3. 家长要根据孩子的实际情况，列出一份适合孩子的绘本书单

不论家长是询问其他妈妈的意见来确定书单，还是从网络上搜索某年龄段的绘本来锁定书单，都要根据孩子的实际情况来定。我在这里只想提醒大家：孩子读绘本也像我们挑选衣服一样，有的孩子年龄小，已经能读比较复杂的绘本；有的孩子年龄大，因为锻炼的少，读起来费劲，那我们就不要盲目跟风，可以从一些简单的绘本入手。总之，阅读也要像其他方面的学习一样，由易到难，需要慢慢来。切忌强迫孩子读，也不要与别的孩子作比较，尊重与保护孩子的阅读兴趣。

总之，一定要孩子愿意读才能继续进行下去。

读绘本，家长必须掌握的实用技巧

我带着女儿云云去一位好朋友家里玩，她告诉我："我儿子就是不爱读绘本，怎么办？"我说："经常带他去图书馆，让他看看别人读得多起劲、多认真，慢慢他就会被感染了。"朋友表示自己事情又多又杂，对读书也没兴趣，去图书馆只能看缘分了。从上面的例子中，大家有没有发现什么问题？一般来说，家长对读书表现出的厌恶态度，我们机灵的孩子就会像天线宝宝一样立即接收到信息，并且在情感上产生共鸣，也莫名其妙对读书没什么好感了，所以就出现了一方面家长自己讨厌读书，另一方面抱怨孩子不爱读书的场景。

云云从朋友家书柜里拿出一套书，总共 7 本，主要是讲孩子性格的书，她小心翼翼地问我朋友："阿姨，我很想读你们家的这些绘本，可以吗？"朋友赶紧说："当然可以，你去叫你妈妈给你读吧！"我们立即开始读起来，不一会儿朋友口中那个不喜欢读书的 3 岁儿子也把头挤过来看了。我们一起读了一本又一本，不知不觉一个多小时过去了，我们居然连读了 7 册小绘本。两位小听众还一副津津有味的样子，朋友感慨："真是太神奇了，我给他读书的时候，从来没有读完过一本，他就说不看了。"

是的，很多小朋友读书要气氛，喜欢模仿，如果家长喜欢读书，那最好不过了，孩子时不时看着你捧着一本书在读，他也会好奇地慢慢读起来。如果家长不喜欢读书怎么办？那就让孩子去接触爱读书的人，受他们影响，孩子也会慢慢爱上阅读。

那么，给孩子读绘本有什么技巧呢？

1. 一定要在孩子有兴趣的情况下阅读

如果孩子抗拒，不愿意读，家长就不要逼着他读。任何人在被迫的情况下做某件事，只会令他更讨厌去做这件事情，这并非培养兴趣的好办法。即使我们在阅读的过程中，也要十分留意孩子是否对你正在读的绘本有兴趣，如果他没兴趣，那赶紧找个理由放下绘本。你可以说：“今天妈妈有点累了，我们先玩儿一会儿吧！”或者“这册绘本好像有点难懂，等你长大了再读，宝宝再挑一本吧！”

2. 忽略文字，主要精力放在图画上

越是启蒙的低幼绘本，越是图多字少，孩子只能看懂图片，也只对图片有兴趣，所以家长可以引导孩子欣赏图片的美，图片的故事情节，甚至让孩子看图说话，等等。切忌指着文字点读，让孩子感觉到枯燥式的灌输，我们要保护孩子的兴趣与想象力，这个比提前识字更重要，也比表面的文字理解更重要。

3. 家长先预习，然后口语化分角色朗读

家长读绘本时，如果磕磕绊绊，或者毫无表情，一路念下去，孩子有兴趣跟着你读才怪呢！我们可以自己先大致地把绘本翻一遍，知道这册绘本讲的是什么，然后像演戏一样，把这些书上的文字、图画通过分角色，用不同的口音来复活它们。如果读到怪兽就可以带着笑脸扮个鬼样子，用一种搞怪的声音来读怪兽说的话；如果遇到小可怜，家长就可以皱着眉头，嘟着嘴，装作可怜巴巴的样子来朗读，让孩子像看一场话剧一样被绘本故事的内容深深吸引，他必定会满心欢喜期待下一次的亲子共读。

4. 适当在孩子感兴趣的话题或画面停留，展开深入讨论

家长要有这样一个观念，读绘本不是为学习知识，也不是给孩子讲大道理，而是一种亲子娱乐，一切以孩子的兴趣为中心，而非仅仅完成阅读的任务。孩子很可能读着读着就会停留在一幅自己觉得有意思的画面上，反复询问，或者哈哈大笑。例如，云云读到小鸡宝宝主动帮妈妈晾衣服、打扫卫生把家里弄得更乱更脏，特别是当它踩着自己洒到地面的水，栽倒在泥里时，她就哈哈笑了好一阵子。这时我就一边指着那些小鸡，一边用夸张的口吻详细给她描述："哇，你看，这只小鸡太激动了，跑得像箭一样快，这下惨了，它踩着泥水，脚下一滑，头都插进泥里了，只留两只小脚丫在外面踢呀踢。"在读到"踢呀踢"的时候，我还伸出双脚模仿了这个动作，云云也笑着模仿了一遍又一遍。在孩子感兴趣的点上我们展开讨论有什么好处呢？那就是孩子也会组织语言描述自己喜欢的图片，学着看图说话，以后生活中遇到事情，也很容易把前因后果说得明明白白。家长在说的时候还可以调动自己的词汇量，让孩子不知不觉中接触一些新词，丰富孩子的词汇库，方便他以后使用。

另外，在读绘本过程中，遇到有悬念的地方，也可以先不告诉孩子，让他想一想，一起玩"猜一猜"，然后再揭晓答案，只要家长玩得自然，相信孩子会十分钟爱这项"猜一猜"游戏。

5. 好的绘本要反复读，温故而知新

对于一些经典的绘本，家长可以反复给孩子读，每次读，孩子都会有不一样的收获。也许第一次认识了图画的不同颜色，第二次数了图画上的数量，第三次记住了某个词语等等。如果家长不知道什么是好的绘本，那就以孩子的兴趣为原则，读完的绘本在放一起，让孩子挑选喜欢的读第二遍，第三遍，这个方法肯定不会错的。

最后，再次提醒家长：给孩子读绘本强行灌输知识，不讲大道理。我们的定位是：让孩子感受快乐，感受美！不用担心孩子有没有收获，孩子会在阅读绘本的同时，慢慢积累各种知识。

给孩子读绘本居然有这么多好处

大多数时候我给云云读的绘本基本来自图书馆，有时候我也会在书店或者网上购买一些比较经典的绘本。有一次，我在网购绘本的时候，看到一连串评价让人啼笑皆非。有一位买家留言评论说：“天哪，这绘本买得太不值了，总共一百个字不到，居然二十多块，这是抢钱吧！”还有一位买家留评说：“给宝宝读了一下，孩子不喜欢，必须差评！”我在心里默默地感慨：这些家长对绘本早教的认知真是太肤浅了！

如果说奶粉是给孩子补充身体需要的营养，那绘本就是为孩子量身定制的精神食粮。在西方发达国家，绘本已经是很多家庭首选的儿童读物了，很多家长都会为宝宝挑选适合的绘本来读。而在我们国内，家长给孩子读绘本的次数就少了很多。然而，绘本作为最适合幼儿阅读的书之一，对孩子来说有多少好处，你是无法想象的！

1. 精彩的绘本故事会带给孩子一个真善美的童话世界，并且可能影响孩子一生的幸福

相信家长朋友们至今都还记得我们小时候读过的或者听过的《灰姑娘》《卖火柴的小女孩》《白雪公主与七个小矮人》等童话故事，如今孩子们的绘本越来越丰富多彩，除了国内的，还有从国外引进的许多贴近孩子生活的童话故事，也许这些童话故事有的是讲公主王子，有的是讲可爱的小动物，有的是讲恐龙怪兽，有的是讲一些虚幻的故事……总之精彩故事背后的主线一定是围绕“真善美”展开的。孩子慢慢接受这种熏陶后，即使不对孩子进行专门的道德教育，他们也一定会以故事中的主角为榜样，成为一个善良、正直的人。

2. 给孩子读绘本能够丰富孩子的知识，促进孩子大脑多元化发展

很多家长对孩子读书的目的性非常强，就是希望孩子多认几个字，早点儿学会算术，或者希望习惯不太好的孩子读了相关的绘本能够立刻把坏习惯给改了。他们只在乎孩子读了有什么用，而完全不在乎孩子读了绘本有什么感受。

我有一位朋友每天都坚持给孩子读绘本，她的孩子 4 岁就能认识四五百个字，并且每册绘本都在朋友的要求下反复诵读，直到孩子能背下来，指着绘本一遍又一遍，严肃认真地读给大家听。其他的朋友都为孩子点赞，称她有出息，我却在心底里对孩子有一种深深的同情。我这位朋友对绘本阅读的方法与技巧都欠妥当，把原本能给孩子带来快乐与丰富知识的事情变得狭隘化、机械化了，实在不应该。

孩子的智力发展并不只局限于语言与数学逻辑，大脑是多元化发展的，包括空间、肢体、人际交往、音乐、观察力等等，通过与孩子阅读绘本就能促进这些能力的全面发展。

3. 给孩子读绘本能够让孩子爱上阅读

我们常说“书中自有黄金屋，书中自有颜如玉”，大家都知道读书的好处，却无奈地发觉读书是一件苦差事，见到书本就头疼，纵使明明知道书中有黄金屋，有颜如玉也得不到。这就是从小没能培养爱阅读的习惯使然。我有幸得到母亲培养，从小就想尽办法读一切能够借到的书，读读写写一直坚持下来，三日不读顿觉面目可憎，浑身不自在。而我也感激阅读习惯带给我的无限好处，生活中遇到难题，工作中遇到不懂的问题，我都可以向书本求助，这让我受益匪浅。我女儿云云出生后几个月就开始了绘本阅读，一直读到现在，她已经形成了习惯，几天不读就感觉像没吃饭一样，嚷嚷着一定要读绘本。

4. 给孩子读绘本，能够丰富孩子的想象力，提升孩子的审美能力

优秀的绘本，颜色明艳，线条柔和，连大人都会被其中美丽的图画所吸引，更何况是求知欲与好奇心强的孩子们呢？孩子读的多了，他们就知道颜色怎么搭配会和谐、有美感，审美能力不知不觉也就提升了。

另外，为了培养孩子的想象力，我们刚开始给孩子读绘本时一定不要指读，而要让孩子看图，让他们充分发挥自己的想象力，想想看这是一个什么样的故事，如果孩子愿意，家长可以耐心让他看图说话。读一个连贯的故事时，读到有悬疑的地方，可以让孩子想一想接下来会发生什么事，你可以示范，然后让孩子猜。孩子天生想象力丰富，他会给你许多意想不到的答案，这样他的想象力也在不知不觉中得到了提升。

5. 给孩子读绘本可以帮助他们培养良好的生活习惯，给孩子一个健全的性格，还能让你们之间建立深厚的亲子感情

我女儿云云从小被奶奶宠着，养成了一些坏习惯，她正是在绘本故事里读到那些有坏习惯的小朋友如何不受欢迎后，才改掉坏习惯的。她会感慨：“乱扔东西原来真的不是好习惯，我以后要扔进垃圾桶。”后来，她就真的这么做了！

现在有很多孩子性格不健全，父母对孩子百般好，孩子却只会伸手向父母要这要那，丝毫没有感恩，这时候给孩子读绘本故事就可以帮上大忙了。许多优秀的绘本会告诉孩子，父母生养宝宝如何不容易，如何操心，例如，有一册绘本讲述一只小兔子以前总不睡觉，吵到妈妈没法休息，后来让她照顾了别人家宝宝一天，她累得半死，想睡睡不了，痛苦万分，最终理解了兔子妈妈为何老是催着自己睡觉了，从此也乖乖听话，不再胡闹了。我女儿有时候也有类似行为，读过几册这种类型的绘本故事后，我没有任何其他的教育，她自然而然就改正了。

总之，给孩子读绘本会让他们的心灵充盈起来，他们的脑子里会多几个问号，他们的眼睛里会多一些亮晶晶的东西，他们的脸上会多几丝笑容，他们的举手投足也会多几分自信……最重要的是若干年后，当他们长大成人，回忆起与爸爸妈妈一起读绘本的时刻，幸福感就会油然而生，温暖充盈他们的整个人生。

故事喂养孩子的好处

不论是育儿书，还是育儿杂志，又或者是朋友圈的育儿心得，还有一些优秀学校或早教机构订阅号的育儿文章，都有一个共识，那就是：阅读对孩子十分重要！

我从小酷爱阅读，女儿从出生开始，我就给她阅读各种图书，她可以说是被故事喂养长大的。而我侄儿从小十分讨厌读书，经常被我带着去图书馆读书，才慢慢地养成了阅读的习惯。从阅读故事对两个孩子的影响来看，我觉得更有必要向大家再次推荐一下阅读的好处了。

1. 阅读可以增加孩子的词汇量，提升孩子的语言能力

我女儿云云 5 个月大开始发音唱字母歌，听呆了家人，也听呆了我自己。9 个月大可以清晰地叫“爸爸”，看得出爱人眼神中的激动与惊喜。接下来，女儿为我们带来了一次又一次大大小小的惊喜。她一岁多一点，从第一次说话，就是完整的短句子，如“我爱妈妈！”“奶奶去哪儿了？”“爸爸在上班！”到了 3 岁以后云云时不时会冒出一些连接词“虽然……但是……”“先……然后……最后”，也会冒出一些新鲜的词。我们散步在一条无人的小路上，她会说：“这条路冷冷清清的。”我们在讨论一家人时，她也会运用故事中学到的词汇，如爸爸“高大威猛”、妈妈“温柔善良”、奶奶“和蔼可亲”等等。

故事中的语言逻辑非常清晰明了，也较生活中更加丰富多彩，孩子觉得朗朗上口的便顺手拿来自己用，自然也极大地丰富了自己的口头表达能力，也为日后自己的写作能力埋下了重要的伏笔。

2. 听故事可以提升孩子的注意力

家长都知道注意力有多重要，也经常抱怨孩子不能静下心来做一件事情。其实你们完全可以从给孩子读故事开始。故事都有情节，很容易吸引孩子听下去，一听就是半小时、一小时，很快就过去了。久而久之，孩子的注意力也会在不知不觉中得到提升。从云云出生我就开始给她读书，她从不断抢我的书撕烂，到后来帮我翻书，认真听故事，再到后来 3 岁左右的时候，我带她去湖南图书馆读书，她能够坚持读 3 个多小时而拒绝回家，一定要等图书馆关门才肯走。

3. 听故事可以丰富孩子的想象力，也能锻炼孩子的记忆力

随着云云读的故事越来越多，她经常会提出各种各样的稀奇古怪的想法，她爸爸说：“不可能！”她还会反驳道：“可能的！我看到 ×× 书中 ×× 人就做到了呀！”她爸爸只能无言以对，继而笑着说：“好吧，你厉害，你记得那么清楚，只可惜我们没有仙女送的魔法棒，所以现在还不能实现。”现在云云 7 岁多了，如果哪天我忙到忘记给她读故事，她会主动拿来给我读；如果我实在没时间，她会自己把以前读过的故事书拿出来，有模有样地读起来，因为有很多已读过多次，她已经完全能熟记背诵了。有一次来我们家做客的堂妹惊讶地说：“天哪，云云这么小就能认识这么多字，我看她读得一字不差啊！”我笑着告诉她，那只是云云在回忆我读过的故事，能完整背出来而已。

有些孩子太娇气，挑食、不爱劳动，家长可以给他们多读一些关于食物营养、爱劳动的故事；有的孩子遇到困难就退缩，经不起挫折，家长可以给他们多读一些名人故事，让他们听听那些名人都是如何取得成功的；如果孩子太情绪化，喜欢哭闹，家长可以给他们讲一些稳定情绪的故事，让他们看看别人是如何处理情绪的。例如，云云有一段时间很喜欢生气，我给她读了《生气的亚瑟》，给她读了一只小猪生气发火的故事，还读了小熊一家生气变成绿色魔鬼的故事。当云云生气的时候，我会善意提醒："别变绿色魔鬼哦！"她就笑出声来，不好意思地说："我才没有生气呢！"只要家长留意，总可以找到适合的故事书来给孩子讲述你想要说的道理，并且比你单纯理论式的灌输要强得多。

Kindergarten

第四章

画画，可以挖掘孩子的潜能

大量的心理学实验证明，孩子通过早期绘画所获得的知识与经验，可以帮助提高智商。绘画对于儿童的健康成长和素质培养都是非常重要的。

因此，不管孩子是否有美术天赋，也不管孩子长大后能不能成为画家，家长都应该鼓励孩子学习绘画，这对孩子的成长大有好处。

绘画，孩子快乐的自我教育

几乎每个孩子到了两三岁左右都会痴迷于绘画，他们在一切能找着的地方作画，墙壁上能找到他们乱七八糟的涂鸦；在沙滩上玩的时候，他们会拿起树枝或者用手指不停地画；孩子会在他们能找到的任何地方，纸上、床上、身上……画完后，他们还会高兴地向父母展示他们的杰作。

孩子用画画表达内心世界

两岁左右的孩子置身于五彩缤纷的大千世界，他们想要认识世界，歌颂自己所爱的事物。于是孩子就会拿上一张纸若有所思，然后严肃认真地画来画去，画出一些疏密不均、长短不一的线条。尽管父母看不懂孩子到底画的是什么，其实这就是孩子用来表达他们内心世界的文章，是孩子的诗句与心曲。

孩子到了 3 岁左右，开始有意识地学着画画，兴趣和兴致都很高，尽管他们画得天马行空，但是兴趣盎然，画完这个画那个，给书中看到的插图随意涂上颜色，在书的扉页或最后一页画上一些临时想到的内容……孩子的这些行为，充分显示了他们对美的渴望和追求。

绘画是家庭教育中十分重要与特殊的一部分

孩子学画画并不是为了将来能成为画家，而是绘画能让人发现生活中的美，让人更热爱生活。

绘画是眼、手与脑紧密配合的智力活动，它通过对具体形象的观察、思考、记忆和比较来发展认识能力，让人通过分析、概括和取舍来发展思维，为孩子过渡到抽象思维、发展智力打下良好的基础。

心理学研究表明，在外界条件作用下，1 岁的孩子喜欢看颜色比较鲜艳的东西；2 岁的孩子已经有了自己偏爱的颜色；5 岁的孩子能够欣赏大自然的美丽风景。可见孩子对美的感受表现得强烈而深刻。孩子的幼儿期不仅是智力发展的重要时期，也是产生美感、形成美的观念和行为的重要时期。

引导孩子绘画，允许孩子乱画

孩子与父母有不同的视角，在父母看来孩子也许是乱画，可是孩子自有他的理由与审美标准。绘画有着发挥无限想象力的空间，而每个孩子的脑海里都有一幅美丽的画卷，父母要允许孩子自由表达，对于孩子的“乱画”我们不要一味阻止，只需要引导孩子，告诉他们画的地方不对就行了。

孩子画画的时候可能会碰到想画某样东西，却不知道如何表现的情况。遇到这种情况，父母可以引导孩子多看看实物，鼓励孩子模仿，如果没有实物，也可以找出一些网络图片、相关书籍给孩子看，告诉他们这些东西的主要特征是什么，让孩子去发挥想象，慢慢孩子就会画得越来越像了。

丰富孩子的生活体验，认真欣赏他们的画作

丰富的生活经验有助于孩子在艺术天地中更好地表达自我，父母可以带孩子多出去体验生活。如逛公园、动物园、海洋馆，去爬山、野餐，参观博物馆、展览馆等等，这些亲身体验无疑会给孩子带来丰富的创作灵感，让他们描绘出更生动、充满感情的作品，而不是总画一些莫名其妙、让父

母不知所云的画作了。

孩子画画的时候父母千万不要在旁边指手画脚地点评或建议，我们要让孩子自由发挥，充分发挥他的想象力与创造力。当孩子把画好的作品拿给父母看时，我们要认真欣赏，当孩子画得不好看或不成熟的时候，我们千万不要讽刺他，也不要拿孩子与他人作比较，而是要欣赏孩子画得好的地方。例如：云云刚开始经常画一些天马行空的作品，我实在看不出她画的是什么，很怕说错，便鼓励她说："你的画颜色真丰富，搭配得很漂亮。"而侄儿图图画出来的作品明显传神多了，我则针对画得好的细节点评，我对他说："这只猫头鹰的爪子，你画得好传神啊，就像活的一样。"如此一来，她们两人都感觉非常受用，对画画也一直有着莫大的兴趣，时不时就展开比赛。我觉得对于孩子画画，父母只需要多给孩子继续画下去的信心就可以了，其他指正与点评都是多余的，孩子越画越多，自然会去挖掘细节，也会越画越好。

最后，父母引导孩子画画的时候，千万不要用成人的思维去束缚孩子，教学的方法与顺序一定要与孩子的心智相吻合。如果我们自己也搞不清东南西北，那就不要管孩子，让他自己画好了。

早期绘画锻炼孩子的综合能力

画画是一项兴趣、特长，据研究发现，它还能促进孩子智力的发育，对孩子综合能力的锻炼与提升都有非常不错的效果。下面，我们具体来看看画画到底对孩子有哪些好处。

1. 画画能锻炼孩子的观察力与注意力

不少家长说自己的孩子好动，静不下来，还有一些家长说自己的孩子注意力不够，做事三分钟热度。家长可以考虑让孩子去学画画，因为孩子在画画前需要认真观察，在画画时需要非常专注地投入，练习的多了，观察力与注意力自然会慢慢提升。

云云很爱画画，每次画画都非常投入。不论是在家里，还是在课堂上，一幅画从开始到结束，她都一声不吭，特别认真。除此之外，我发现，她还很善于观察，应该说热爱画画的孩子都善于观察。有一次，美术老师让她们画一件衣服，她思考了好一会儿，最后画了一件花夹克，上面还有一些非常小的蝴蝶结样的小装饰，连扣子也都装饰了。放学后，她拿着那幅画对我说："妈妈，你知道吗，这件衣服是我们画画班一个同学的，我也想买一件这样的衣服，你看，要这样的衣领，不要我身上这种高领，两边要口袋，可以把手放进去，还有要扣子的，不要拉链。"我连连点头，云云又向我解释说："妈妈，你猜这上面的小蝴蝶是哪儿来的？"我这才留意到，原来是她自己身上那件毛呢外套上的小装饰。可见观察力对孩子绘画的重要性。

2. 画画能锻炼孩子的手、眼、大脑的协调能力

孩子在画画时，通常都需要事先观察看到的东西，然后经过大脑的思考，再通过笔画出来。经常画画，就能锻炼孩子的手、眼、大脑的协调能力。

云云有一堂画画课是画蜥蜴，当老师拿出蜥蜴的图片时，云云有些害怕地说："这也太难了，还有那么多树木，一节课画不完啊！"为了鼓励她画，我安慰她说："你能画多少是多少。"结果，云云想了一会儿后，开始用心画起来。可能真是这幅画的难度有点高，其间还有小朋友主动放弃了。云云一个半小时后才出来，我原以为她可能只是随便画了几笔，没想到，她画的蜥蜴还真活灵活现的。云云告诉我："妈妈，老师给的图片太复杂了，我想我画不完，不过我们主要是画蜥蜴，所以我就画了大大的蜥蜴，后面的树木那么多，我就直接用彩笔涂一涂绿色表示森林就快多了，这样我就可以画完啦，你看是不是还挺漂亮的？”我连连称是。

我觉得孩子在画画时，家长还是尽量根据孩子的水平与兴趣来安排，最好不要太难，不要超出孩子可以掌控的范围。一步一步来，孩子才能够把握进度，一点一滴进步。

3. 画画能锻炼孩子的空间想象能力与抽象思维能力

孩子在完成每一幅画作时，都需要自己分析哪些是主体，应该占中心位置，哪些是必须画的，应该安排在什么位置。这些布局的安排就非常锻炼孩子的空间想象能力与抽象思维能力。

云云刚学画画不久，经常出现中心主体画太大，其他东西没地方画的情况。后来，她学乖了，将事物都画小了一些，结果又导致留白太多。再后来，她会一点一点去添加东西。她在思考与学习的过程中，我从未说过什么，一切任她自由探索、思考与安排，经过反复尝试，她就可以根据主题随手画出一幅五颜六色的画作来。

4. 画画能培养孩子的独立思考与独立做事的能力

也许孩子刚开始接触画画，需要老师辅助画一些东西，一般有了一定画画经验的孩子，都是自己设想布局，并且一气呵成地完成自己的整幅作品。

孩子在画画的时候是会不断思考的，她们画每一样东西都有自己的想法与安排。

有一次，云云画了一碗面条，她加了许多配料，有一些蘑菇、四个鸡蛋、一点点辣椒、还有一些牛肉片、香葱等等，最后标价：72 元。我问她：“云云，你这碗面怎么放这么多鸡蛋呀？”她告诉我：“妈妈，因为我爱吃鸡蛋，我画的面，想请同我一样爱吃鸡蛋的孩子吃。”我又问她：“你是怎么决定标价72元的呢？我觉得有点儿贵呢！”她看了我一眼，反问我：“妈妈，我放了这么多好吃的进去，如果我不收贵一点，我不是要亏本了？”一席话说得我哈哈大笑，我以为孩子只是随便画画，没想到她还想这么多。

还有一次，云云画了一辆彩色的南瓜车，南瓜车的前后各有一个车灯。老师让孩子们把画好的南瓜车剪下来，粘贴到一张代表黑夜的黑纸上。云云在剪的时候不小心把车尾灯弄掉了，并且怎么也找不到。我对她说：“云云，你的南瓜车有前面的灯就可以看路了呀，后面的灯掉了就算了。”云云看了我一眼，说：“妈妈，不行的，如果后面还有车，看不到我的车灯，就会撞上来的。”看她那么严肃认真，老师也乐了，帮着一起找起来，最后终于找到了掉下来的车灯，云云赶紧小心翼翼地粘上，这才安心。事后，云云告诉我：“妈妈，画上的东西，有些是为了装饰而画的，它们只负责漂亮就行了，这些掉了一点，少画一点儿没关系。可是有些东西是有作用的，一定不能少，你知道吗？”我赶紧点头称是，并且表扬她思维严谨，想法周到。

5. 画画可以帮助孩子表达情感与宣泄情绪

有一段时间，我情绪有些不稳定，对云云说话语气不太好，甚至还有一些激烈的言辞。一天晚上，云云送给我两幅人物画：一个人物紧皱眉头、张牙舞爪，一看就是在发怒，旁边还写了“妈妈”二字。另一个人物撇着小嘴，眼泪哗哗流，一看就是受了委屈，旁边还写了“云云”二字。我立即明白怎么回事了，云云在一旁对我解释说：“妈妈，虽然你生气，我很害怕，但我还是把你画得很漂亮。只是你生气骂我的时候，我会很伤心，就会偷偷哭，我能不能把这两幅画贴在你的工作台上，这样你以后想发脾气骂我了，就想想能不能好好对我说话，只要妈妈说的对，我保证会听妈妈的话。”

我如她所说，把这两幅画一直贴在我的工作台上，时不时看一眼。特别是在我情绪不好的时候，我就会想起云云伤心流泪的模样，我的用词就会变得委婉起来，语气也会变得温和起来。更重要的是云云也兑现了她的承诺，知错就改。

当然，有的孩子受了委屈，对老师或家长不满时，他们并不会像云云一样表达出来。也许他们只是默默画出自己的感受，尽管如此，当孩子将自己的负面能量宣泄出来后，自己内心也会感觉好很多。

以上我列举了几点感受比较深刻的，其实画画对孩子还有很多好处，比如，对记忆力的锻炼、对创造力的培养、让孩子更热爱生活、提升孩子的审美能力等等。所以，让孩子尽情去画画吧。

启蒙孩子绘画，别让传统方法束缚了想象力

云云 3 岁时画过一幅关于鱼的水彩画，她画得很用心，别人一张画纸只画 1 ～ 3 条鱼，她硬是画了 8 条鱼上去，还精心为它们分别贴了鳞片，画了吐气的水泡。但我却认为，这孩子并没有画画的天赋。后来，云云一直没有再画画。3 岁半的时候，我依她的兴趣给她报了舞蹈兴趣班。到了 4 岁，小家伙突然说：“妈妈，我想学画画！”我实在是太惊讶了，惊讶之余又带她去参加了一堂画画培训课，她画的一幅画，还是鱼。这次虽然还是画风大气，满满一页都铺上了水彩，但我睁大眼睛看了半天也找不着一条鱼。意外的是这幅画被我发到朋友圈后，有不少人一眼就看出了她画的是海底世界，有水草，有游来游去的鱼，只不过都是绿色的，但云云为鱼点

上了黑色的眼睛，这就是区别。

孩子对绘画有兴趣，做妈妈的定当全力配合，可是我这个完全没基础的画盲，一时之间居然不知道从何入手。问问身边其他家长，他们的孩子有的在涂颜色，有的在贴贴纸，有的已经能拿铅笔画一些简单的画，并上色。我一口气从网上购买了20本涂色书，20本贴纸书，书还在路上的时候，培训班的老师却告诉我："千万不要买这些，这会扼杀孩子画画的想象力与创造力，以后他就没有自己的想法了！"我二话不说，赶紧退货，可是退了货，接下来该怎么办呢？让孩子画什么呢？

上网查，书上找，问老师，恶补了一下大脑，没想到给我的答案竟然如此简单：创造条件让孩子观察，让孩子自由画画即可。孩子想画什么就画什么，比如：他画了一些波浪线，我们可以问问孩子："宝贝，你画的这是什么呀？"如果孩子说："这是毛毛虫，这是海浪，这是毛线……"我们只需要表扬他，鼓励他继续画便可。事后，家长可以带孩子去观察一下实物，然后鼓励孩子继续再画下一幅。

我们还可以准备一些亲手制作的画卡、手工小部件，将画画、涂色与手工相结合，锻炼孩子的审美、颜色搭配、动手能力以及自己的创意与想象力。把卡片、袋子做成小礼品送给同学和老师，收到礼物的人会高兴，孩子会更高兴，这样他就会更有兴趣继续画下去、玩下去。

值得注意的是，太过单一与死板的方法，孩子都不容易坚持。兴趣才是最好的导师，孩子比大人更容易喜新厌旧，我们可以通过变换不同颜色的画纸、不同材质的作画材料、不同的绘画工具、不同的绘画形式等来增加新鲜感，当孩子完成作品之后，我们再仔细听听孩子这幅画所要讲的故事，只需要顺着孩子的思路尽情想象，大力赞美他就可以了，让孩子把画画当成一场游戏来玩，孩子越玩越高兴，自然也会越画越好。

如何培养孩子的画画兴趣

云云读幼儿园的时候，班上大部分同学都在学画画与舞蹈，刚开始我以为孩子们都是有兴趣的。可是后来，我却看到有的孩子是被父母拖来的，有的孩子一边画一边哭……

有一次，我见到有位母亲因为儿子不愿意学画画，跑到学校讨说法，我以为她的孩子出了什么问题，走上前去安慰。她告诉我说："这学校真是太差了，我为什么送孩子学画画啊，还不是想让他的履历漂亮一些吗？逼着孩子在这里学了一年了，考试却过不了级，也拿不到荣誉证书，那学下去有什么用？"我问她现在有什么打算。那位妈妈说："我要学校退钱给我，他们却不肯退。"为了平息这件事，我充当了"和事佬"，转接了她余下的课程。

那么多家长送孩子学画画，一方面因为这是一门特长，另一方面是因为不少家长深深懂得画画对于孩子思维与智力及其他能力的培养与锻炼都是大有裨益的。然而，家长不应该为了让孩子学而逼迫孩子，我们可以学点小技巧，让孩子对画画产生兴趣，主动地去学习。

1. 多陪孩子观察、积累，多欣赏画展，接受绘画艺术的熏陶

我是个对画画一无所知的人，而我们家两个孩子，我女儿云云与侄儿图图都热爱画画，并且对于他们兴趣的引导，我还是起了不少作用的。

节假日，我非常喜欢带孩子们走近大自然，鼓励他们观察花花草草和小动物，有时候还会带一些植物回家继续观察。同时，我还会购买或从图书馆借回一些相应的书籍给他们阅读。除此之外，我真的很感谢湖南图书馆与长沙市图书馆经常举办的画展，有时候是成年人的作品展，有时候是孩子们的儿童画展，特别是儿童画展对孩子们的震撼与吸引是我意想不到的。实物标本与画作各用一个镜框挂在墙壁上作对比，图图与云云争先恐后地点评、赞叹，看的多了，孩子自然跃跃欲试。

2. 家长要为孩子准备合适并且丰富的绘画工具

我为云云与图图挑选画画工具时，会仔细征求他们的建议，他们喜欢用学校老师推荐的产品。如 36 色水彩笔、24 色蜡笔、24 色彩铅等等。在购买这些工具时，我会尽量购买容易水洗的产品，以免弄脏衣服或桌面。另外，还会为他们每人准备一件画画的衣服，需要画画时就穿上，这样可以不用时刻担心弄脏衣服，可以无所拘束专心投入作画。

另外，我觉得给孩子购买画画工具时，尽量购买质量好一些的产品。比如，有的水彩笔虽然价格便宜，可是用不了几次就没水了或者没用一段时间就干了。还有一些质量不好的蜡笔，轻轻涂几下就断了，这无疑会影响孩子继续上色的心情。好不容易画好一幅作品，如果上色不方便，效果也会大打折扣，自然会影响孩子继续画下去的动力。

有一次，我陪图图学国画的时候，他们班有个孩子的工具就出问题了。清洗画画工具的水桶居然漏水，弄得孩子的桌子上、画上到处都是。孩子好不容易画好的作品就这么毁于一瞬，孩子十分沮丧，当场就哭了。据图图说，那个孩子后来再也没有来画画了。我觉得那个质量差的小水桶也是影响孩子放弃画画的因素之一吧。

3. 要用欣赏的眼光看孩子的作品

孩子刚开始画画，可谓费了九牛二虎之力才完成作品。不论在家长眼里，他的作品多么的幼稚、粗糙，我们都要管住嘴，千万不要指责、批评，甚至建议都要少提。我们可以赞美孩子画得好的地方，孩子都渴望父母的欣赏与赞美，如果父母认可，他就会有继续努力的动力。

云云画了很多幅作品，我都感觉真的很一般，有些甚至完全看不出画的是什么。每次我都努力找出值得欣赏的地方，如果实在找不出什么值得表扬的地方，我就会对她说："云云，你这幅画的颜色真丰富，真好看！"

我发现，我的鼓励对她真的很奏效。云云一直坚持画，并且画作着色方面的进步非常大，涂色均匀、用色也越来越讲究。最重要的是她对画画始终有着浓厚兴趣。

最后，家长鼓励孩子画画的时候，不要急于求成，更不要拿比赛或获奖来评判孩子的作品。而是要遵从孩子的意愿，孩子能够从画中获得快乐，才是最重要的。

孩子学画画，需要的不是教育，而是引导

我侄儿图图从小就表现出画画的天赋，于是我鼓励他报了画画兴趣班。每次他带画作回来，我都会带着欣赏的眼光指出我认为画得不错的地方，从未批评过他一个字。

图图的画越来越好，多次参加全国儿童绘画比赛获得一等奖，我会好好珍藏他的奖牌、荣誉证书，并且将他画得好看的画作装裱在画框里贴到墙壁上。

有一次，图图画了一对红鲤鱼与一个幸福结，当时正逢过年，我就把这两幅画挂起来代替了春联。亲戚、朋友都由衷地表扬、赞叹，这给了图图莫大的信心，他告诉我："伯母，我长大了，要做个插画师，或者当个画家，自己办画展。"我竖起大拇指说："嗯。伯母支持你，只要你用心学习、钻研，多发挥自己的想象力，你一定会越来越棒的！"

结果，令我想不到，也令全家人没想到的是图图小学三年级去了妈妈那边后，停止了画画。我联系弟妹，询问原因。弟妹告诉我："我给他报了画画班啊，可是他自己不愿意去了。我也鼓励他继续画，他脾气太大了，

总喜欢按自己的意思画，小草画得五颜六色像什么？我告诉他要画绿色，他就是不听，多说几句，就不画了。我有什么办法？”

后来，我打电话给图图，问他是否还对画画有兴趣，他告诉我：“伯母，我越来越不会画了，我想我做不了画家了，我还是不画了吧！”我举出各种他画得好的例子，给他打气加油，他却说：“我的老师总是说我这个没按要求画，那个比例没画对，说得我都不知道怎么画了。回到家里，妈妈也说我这画不好，那画不好，我真的不想画了！”尽管我极力劝说弟妹，让她给图图另寻合适的老师，也管住自己的嘴，让图图自己发挥想象去画，可是图图却沮丧至极，最终彻底放弃了画画。

每个孩子都是艺术家，他们的小脑袋里面有无穷无尽的创意与想法，他们不会拘泥于成年人的条条框框，这是他们的天性，也是他们的优势。然而，有些家长在教孩子画画时，总是极力地想把自己知道的一切灌输给孩子，让孩子画出我们心中想要看到的作品。当你一次次指责孩子时，孩子就会感到压抑和失望。我们本意是想让孩子画画技能越来越娴熟，可是却把他们对画画的热情与想象力打击得七零八落。

还有不少家长会选择把孩子送去读画画兴趣班，其实画画兴趣班老师的要求也各不相同，教学方法各有一套。我给女儿云云报画画兴趣班的时候就见过有老师规定学生，水草必须每边画三根，而且一定是绿色，两边短中间长，如果哪位小朋友没按老师的要求画，就会被批评。于是选择了另外一个老师，因为那位老师不仅会给学生展示一些参考图片与线条框架，还会引导孩子们自己发挥想象力涂色、丰富画作。我感觉这才是我要找的老师，于是云云一直在这个班上学画画，并且兴趣盎然。

云云每次画完画，都要向我解说一番。她拿着一只盘中的五彩龙虾对我说：“妈妈，你看看，我这只龙虾的颜色漂亮吗？”我第一反应是：“多数龙虾应该是红色的。”可是我并没有说出我的想法，只是赞叹道：“哇，云云画的这只龙虾是妈妈见过最独特的龙虾，五彩斑斓，真是太美了。我以前从来没见过这么美的龙虾呢！”云云大笑道：“妈妈，老师说随便我们涂什么颜色，想画成什么样都行，我就是喜欢彩色的龙虾，我这只是龙虾公主，必须要打扮得漂亮一些。”我摸摸她的头说：“云云涂色也进步了，这么小的格子，涂得这么均匀，一点儿也没涂出边界，真不错！”云云得意地说：“老师以前说我涂色还要练习，我自己在家里画了好多画，练习了好久，才可以做到这样的。”听到云云这样说，我真的很欣慰，也很庆幸自己找对了老师。

用模子套出来的艺术必定不是好的艺术。即使有的孩子可以把老师的画作一模一样画出来，也不过是技术熟练而已。只有那些能够发挥自己的想象，结合自己的认知，把自己的感触、自己发现的真实世界活灵活现画出来的作品，才是真正的艺术。

如果家长一定要帮助孩子提升画画水平，那可以引导孩子多多走近大自然，多多观察生活，还可以与孩子玩“我以前没有注意到……”的游戏。让孩子不断发现、不断积累，孩子就会把观察到的东西，呈现在画纸上。

每个孩子都有自己独特的艺术视角，家长需要做的是创造条件让孩子自己体验和发现。

孩子画画前后，家长这样说对孩子更有益

3～6岁的孩子爱画画，用画画来表达内心的感受，可是他们毕竟还只是孩子，画出来的线条也许并不柔美，图形也许并不像那么回事，色彩也许并不合时宜，可是我们要知道，他们也只是在尝试，在探索，在好奇，家长说些什

么话，关乎他们的兴趣、他们的热情、他们是否愿意继续探索。

当孩子画到半路不会画时，家长应该说些什么呢?

1. 如果五颜六色的小花朵，还有绿油油的小草们能晒到你画的太阳肯定开心坏了！（鼓励孩子画完太阳，继续添加一些花花草草。）

2. 过节的时候，我喜欢看五颜六色的烟花，还喜欢各种飘浮在空中的气球等，你觉得呢？（鼓励孩子多加入一些节日的项目。）

3. 我要是住进你这房子里，我在哪里开门，在哪里开窗呢？我还希望出门后有一个大花园什么的，种些花草树木，那就太完美了！（当孩子画个光秃秃的城堡不知道再画什么时，家长可以引导他再添加一些事物。）

4. 我觉得海里面除了有你画的这种鱼，还有其他好多种类的鱼，还有乌龟、螃蟹、水草、珊瑚、水母、海星等，好多好多东西呢。（鼓励孩子在画海底世界时，品种可以更丰富一些！）

5. 你画里的人好孤单啊，如果有他的爸爸妈妈就更好了，或者有些小朋友一起玩游戏，我肯定他会更高兴哟！（鼓励孩子多画些不同的人物。）

当孩子把完成的画作展示给家长看时，家长要怎么说呢?

1. 哟，你画的世界五颜六色，好美啊!

2. 你的想象力真丰富，能画这么多的东西!

3. 满满的一幅画，我感觉什么都不缺了，整体布局很不错呢!

4. 你这个猫头鹰的爪子画得实在太像了，就像真的一样，这个细节画得比妈妈想象中的都要好呢!

5. 看你的画，好有节日的气氛，心情特别好!

6. 每个动物的眼睛形状都画得不一样，颜色也不一样，你好用心啊!

7. 我好喜欢你画的这个作品，找个地方，把你的作品贴起来吧，这样我就能经常见到了。

云云刚开始画画时完全不着调，我就是采取上面的方法，多多鼓励，保持兴趣为主，在家的时候，云云时不时地练习画画，哪怕出门上学之前还有几分钟时间，也要赶紧回书桌前画几笔，可见她的兴趣有多浓厚，她坚持读了两年兴趣班，现在画得有模有样了，我相信她会一直坚持，越画越好的。

孩子在摸索的时候，内心会有许多不确定，他们会根据父母的评价调整自己下一步的计划。当父母说出鼓励的、启发的话时，对孩子就是十分有益的，他们的思维会越来越开阔，想象力会越来越丰富，动手能力也会越来越强。

孩子学画画，家长最常见的错误

大多数孩子从 3 岁开始都会有强烈的涂鸦意愿，有孩子的家庭，不管家长多爱讲卫生，家教多么严格，都不难在墙壁上发现孩子涂鸦的痕迹。孩子从 3 岁到 6 岁都属于涂鸦期，也就是随手画画阶段，家长要培养孩子的画画艺术才能，就必须尊重孩子的天性，尽量不要犯以下几个常见的错误。

1. 认为孩子画得乱七八糟，一点儿也不像

许多家长，包括曾经的我，经常会以画得像不像作为评价孩子画作好坏的标准。云云画鱼不像鱼，画房子不像房子，我还曾对孩子爸爸说：“天哪，我们云云根本就不是画画的料！”后来，我想着孩子喜欢画，玩得高兴，就让她当游戏玩耍。画了一段时间后，云云的手、眼和大脑的协调能力明显增强了不少，随着观察能力的提高，对形象感把握能力的提高，她慢慢就画得比较像了。

2. 给孩子看形象，过早画形象画

孩子刚开始学画画时，会有一些犯难，也许会请教家长要怎么画，家长千万不要给孩子看形象，或者教孩子画形象画。即使是儿童画的形象也不行。因为这会限制孩子的思维与想象，破坏他们的自由发挥与创造力。

例如，有的父母教孩子：草是尖尖的叶子，绿色的；太阳是圆圆的、红色的、带光芒的等等。孩子以后在画作品的时候，遇到这些形象就会套上去，没有了发挥的余地，这显然阻碍了孩子绘画能力的发展。

3. 孩子反正是乱画，随便给他一张打印白纸就行

见过孩子涂鸦的人都知道，孩子随心所欲，画完或许立即就扔垃圾桶了，所以索性随手拿一张打印白纸给他画，画完就扔。其实这种做法也是错误的。打印白纸光滑、洁白，对于孩子涂鸦上色效果及视力的保护都不利。

家长应该为初学的孩子准备一些素描纸、水彩纸。素描纸厚度适中，孩子即使多次修改，纸张也不会有太大的损伤；水彩纸吸水性好，比较厚，很适合孩子玩色彩涂鸦游戏。

4. 反正不指望孩子将来做画家，就近随便读个美术班就好

有的家长认为反正自己不会画画，孩子想画就随便找个附近的美术班学一学就可以了。到哪里不是画，为什么非要挑来挑去呢？其实这种想法也是错误的。

我也不懂画画，在给云云挑美术培训机构的时候，我还是花了点心思的。现在的培训机构都比较人性化，在家长准备报班之前，大都可以上一两节试听课。我挑选了两个学校试课，第一家美术机构给云云上课时，老师一直在讲这个部分应该画什么，那个部分要注意什么；第二家培训机构的老师却要求孩子们千万不要画得同老师一样，要自己发挥想象，想画什么就画什么。结果第一家培训机构的孩子画出来的画都千篇一律，第二家培训机构的孩子画出来的画各有各的特色。我果断选择了第二家，并且孩子一直学习到现在。云云现在自己选择主题画画，全是自己发挥想象，不需要太多指导，我想这也证明了我当初的选择没有错吧。

5. 让孩子参加各种画画比赛，获得各种荣誉证书

与家长交流时，经常会有家长问我："云云画了两年了，参加过什么比赛吗？过了几级了？"我回答："都没有！"然后他们就会向我炫耀自己的儿子或女儿参加全国儿童画比赛获得了一等奖、二等奖之类的，还把获奖照片一张一张翻给我看。

孩子获得各种荣誉证书并不能代表孩子画画技能就有多了不起。以前我侄儿图图就获得过几次一等奖，当他以为自己了不起的时候，我就告诉他："图图，说不定参加比赛的人都获得了一等奖，我们不管这些东西，画得高兴，认真学习就行了。"后来，云云学画画，我尽量让她少参加这些比赛，只想她可以坚持自己的初衷，保持绘画兴趣，能专注地画下去就行，不想让一些莫名其妙的证书分了她的心。其实，孩子画得越来越好，画作本身就可以证明一切，对于 3 ～ 6 岁的孩子，又何必用所谓的证书来评价呢？

以上是家长在孩子学画画时特别容易犯的 5 个错误，除此之外，还有一些不适宜的行为，如不准孩子弄脏衣服、替孩子收拾画具、强迫孩子画画、太在意孩子用色、喜欢给孩子画作提意见、经常给孩子画示范画等等。其实，对于画画这件事家长只需要尊重孩子的审美，给孩子创造体验生活之美的机会，鼓励孩子自由发挥就可以了。

Kindergarten

第五章

智力发育黄金期，不可错过这三年

每个孩子都拥有多种潜在智能，包括观察、记忆、表达、想象、思考、创新、专注等等。孩子智能的开发其实是有规律可循的，作为家长，应该掌握一定的方法，在日常生活与教育中多锻炼孩子的左右脑，并进行全面的开发与引导，让孩子的智力发育全速前进。

“让孩子叙述”益处多多

同样是 3 ～ 6 岁的孩子，有的能说会道、条理清晰，有的却颠三倒四，毫无逻辑，让人听起来十分费解。这与家长平常在家是否让孩子尽情叙述密切相关。

孩子天生喜欢模仿，听的多了，自然会有表达的欲望，刚开始肯定说不清楚，并且他们不知道什么事情是重要的，什么是值得说的，只知道想到什么说什么。这时候家长就要理解孩子，鼓励孩子多说，说出他的所见所闻所感。

首先，孩子说的多，可以提升他的口语表达能力，家长也能及时发现孩子的优点与缺点。

云云刚上幼儿园的时候，每天放学回家，我都会认真询问：“宝贝，你们今天在学校学了什么呀？做了什么好玩的游戏啊？吃了什么好吃的食物了？”云云一律回复我：“不知道！”又或者是“不记得了！”就这样，一直问了一个多月，云云都好像对学校没什么特别印象。后来，她告诉我：“妈妈，我在学校交了一个新朋友！”我就会抓紧机会让她说更多关于朋友的事。我会启发她说：“哇，这真是一个好消息，你的新朋友叫什么名字啊？你们是怎么成为好朋友的呢？”云云说：“她先同我说话，还分享了零食给我吃！”我一听赶紧鼓励她说：“哇，真好！看来这位新朋友很喜欢我们家云云哦！我也喜欢你的这位新朋友！还喜欢她懂得分享零食的好习惯，这个习惯真是讨人喜欢呢，也能帮助我们交到更多的好朋友！”

从那以后，云云变得更喜欢谈论学校的同学和老师、上课的内容、吃到的食物，也更喜欢与同学分享零食、分享玩具、分享绘本读物等，她交到了越来越多的好朋友。

其次，多鼓励孩子叙述，能够帮助孩子梳理思绪，这也是孩子思考能力萌芽的表现。

父母在引导孩子说话的时候，不要默不作声。刚开始孩子的表达水平有限，她在思考如何将自己的所见所闻所想说出来的时候，思维会有一些混乱，时间观念也不是那么强，我们可以一边听一边附和，帮助孩子继续说下去，“你看到这样的场景是怎么想的呢？然后你怎么做了呢？”“哦，原来是这样啊！”“那最后，你有没有出手帮他的忙呢？”等等，还可以教孩子一些关联词，如“刚开始……接着……然后……再次……最后”“因为……所以”“虽然……但是”等，帮助孩子日后提高表达的条理性与逻辑性。

我们要知道，所有能说会道的孩子背后，都有一位认真倾听他们说话、鼓励他们多讲话的家长，练习多了，孩子自然而然就成了讲话高手，同时中文水平与思考能力、交际能力也都得到锻炼，可谓益处多多呢！

孩子做事的态度比聪明的头脑更重要

现在大多家长文化水平都比较高，接触了新思想、新潮流，多少对家庭教育有了一定的了解，非常明白管教孩子不能靠打骂，而要靠鼓励与赞美。可是如果这些正面管教没做好，对孩子的成长同样是十分不利的。

我的侄儿图图是个非常聪明的孩子，一点即通，记忆力也非常好，所以，幼儿园的老师不论是教儿歌还是国学经典，经常只教两遍，接下来就让图图来教同学们。老师经常在孩子面前夸奖他：“这孩子真聪明，可能是我从教以来遇到的最聪明的孩子。别的孩子学好几遍都不会，他只要听一两遍就懂了。”

慢慢地，侄儿也认为自己是个聪明的孩子，比别的孩子学东西要快，比别的孩子要厉害。不论他学什么、做什么，都非常要强，不允许自己比别人差。

有一次，我买了一些橡皮泥给侄儿玩，他邀请了几个小伙伴一起做房子。当侄儿看到别人捏出的房子比自己的更好看时，他便故意推倒、弄坏他人的作品，导致小伙伴之间剧烈争吵起来。我走过去安慰侄儿：“图图，你捏的房子也非常漂亮啊，你的小伙伴捏得也相当好，你为什么要弄坏他的呢？”侄儿说：“我就是逗他玩，他就生气了。”小伙伴不服气地说：“他胡说，是他看我的房子漂亮，故意弄坏的。”侄儿说：“我只是没用心，我要用心捏，就能做出比你漂亮得多的房子来，我能做出一座城堡宫殿。”我摸摸图图的头说：“不管怎么样，你弄坏小伙伴的房子是不对的，你得向他说‘对不起’，然后你再捏你的城堡宫殿，好不好？”侄儿不但不听我的话，还拿起一大块橡皮泥向小伙伴砸去，紧接着，摔门而去……

自从那次之后，侄儿只要碰到我们指责他，数落他，他就闹离家出走。图图之所以会变成这样，其中一个很重要的原因就是：老师和家人的夸奖，让他觉得自己很了不起，从而变得骄傲自大。

除此之外，我还发现侄儿变得越来越懒惰了。以前每次上课前，我都会给他读两遍课本上的儿歌，后来，他对我说：“伯母，以后你不用陪我预习课本了，我学东西快，在课堂上老师说两遍就能背下来了。”后来，当我给他读绘本故事时，他总是不停地玩玩具，还时不时跑开去看电视，我对他说："图图，读书要认真哦！"他回答我："放心吧，我一边玩一边学也可以复述你的故事内容。"事实上，他确实可以复述，只是他这种习惯很不好。究其原因，还是由于我们平常对他夸奖不当，让他以为聪明的孩子不需要那么认真、那么努力。

后来，我有了自己的孩子，当我看到4岁的女儿拿着水彩笔为每位家人画一座漂亮的房子，居然可以画得五颜六色、形状不一，有门有窗有花园的时候，我是惊讶的，我觉得她画得太棒了。当我拍照发到朋友圈的时候，很多朋友都说女儿简直是天才，还说比他们5岁多的孩子画得都要好，完全不像没有画画基础的孩子画的。我听得心花怒放，于是当女儿问我她画得怎么样的时候，我告诉她："云云画得很认真，想得也周到，颜色用得也漂亮。我们都有漂亮的新房子了，谢谢你哟！"后来，画画的时候，她越画越认真，我则不断表扬她细节注意得好、画画时认真的样子令我着迷，颜料搭配得很棒等，却从来没有说过她是画画天才，也从来没有说过她很聪明之类的话。

说到这里，我相信许多家长都会有所感触，也会开始反省自己在鼓励孩子时的表现：是表扬了他们的态度，还是表扬了他们的"聪明"呢？我们要做的是表扬孩子在行动中的态度，而不是简单地夸孩子聪明，赞美孩子积极努力的行为，鼓励他继续坚持下去，欣赏他执着的精神，激励他不断挑战高难度……在这样的鼓励下，孩子才会越来越勇敢，越来越踏实认真，越来越努力，家长也会越来越放心。

锻炼孩子观察力，处处有素材

为了锻炼云云的观察力，我给她买了两套游戏的书：一套8本的《图画捉迷藏》与一套4本的《幼儿注意力训练120图》。孩子做得很开心，不到一个月时间全部做完了。我能明显感觉她的观察力提升了不少，很多我没觉察到的细节她都能看到。可是接下来怎么继续培养她的观察力呢？我犯难了。

几天后，我在一堂父母培训课中找到了答案，老师告诉我们锻炼孩子的观察力，处处有素材。

我们每天都会抽出一些时间带云云走近大自然，让她去认真观察树叶的不同、花朵的不同，让她认真辨别绿色的深浅、蚂蚁与蜘蛛各有几条腿，等等。说到这里，有些家长可能会说，那是你们有条件啊，不是每位家长都有时间带孩子走近大自然的。诚然，这是最大的事实。这里，我把培训老师提供的建议告诉大家：我们可以带孩子去附近的花鸟市场，那里的素材多如牛毛，可以让孩子看看不同的鸟、不同的鱼、不同的树、不同的花、不同的草都有什么特征、什么区别……如果家长还是认为不方便，而且附近也没有花鸟市场，那么有一个地方绝对是有的——菜市场。家长买菜的时候，可以让孩子观察鸡、鸭、鹅的特征与区别；可以让孩子观察鲫鱼与鲤鱼、草鱼与青鱼的特征与区别；还可以让孩子观察咸蛋与皮蛋的区别，等等。

有雅兴的家长还可以辅助孩子在家里种植各种生长较快的豆类植物，如绿豆、黄豆、红豆、黑豆等。我们就种过绿豆，其生长速度非常快，很适合孩子观察种子的变化。云云是看了《妈妈买绿豆》这一绘本之后开始行动的。奶奶带她去超市观察了各种豆子的颜色、大小、形状之后，买了一些绿豆回家。接着，云云又观察了绿豆泡在水中慢慢变大的情况，以及奶奶煮绿豆粥的整个过程，并且按绘本里的步骤操作了一遍，令她十分兴奋，不断鼓掌叫好。接下来，奶奶又为云云做了不少绿豆冰棒，各种形状的都有。后来我又带她尝试种各种豆子，为了她能仔细观察，我接连种了半个月豆芽菜，家里几乎每隔一天就吃一次豆芽菜。云云每天要给豆子浇三次水，每次浇水都特别认真，还会仔细观察这些豆子的生长速度、茎的大小、根的生长长度等。

我们不仅种过各种豆子，还种过生姜、花生、花草，还在家里种过树，养过金鱼、乌龟、蝌蚪、小鱼、小虾、泥鳅，甚至还养过田螺、蜗牛等。有朋友曾经说我："还有什么你们不敢养的吗？幸好我不是你们的邻居，不然非得被你们吓着！"我则开玩笑地说："只要没有危险，我们能够养活的，我们还真没有什么不敢养的！"

无论是家里还是户外，超市还是花鸟市场，只要家长愿意，处处都是好场地，到处都有好素材，我们时刻都可以抓住机会锻炼孩子的观察力。

帮助孩子找到适合他的记忆方法

培根曾说：一切知识不过是记忆。也许有的人觉得这样说太夸张了，但是无论如何你不能否认好的记忆能力对孩子学习来说有着举足轻重的作用。

往往那些学习成绩好的孩子，记忆能力都很不错。而那些成绩不理想的孩子，总是学到后面忘记前面，一学期下来所剩无几，所学知识基本上都还给老师了。孩子记忆能力的好坏难道是天生的吗？答案是否定的。那些记忆能力好的孩子，只不过寻找到了适合自己的记忆方法而已。

传统记忆的困境：记得慢与忘得快

以往学知识都是通过不断地读，不断地抄写练习，不断地重复来达到长期记忆的目的。据研究表明，想要短时间内达到熟记的目的，一般至少要重复100到150次。并且，这只是短暂记忆，如果要达到长期记忆的目的，还需要在接下来的日子里不断重复回忆加深印象的次数。如果没有按照自身的记忆遗忘规律去及时复习，我们今天的努力很可能打了水漂，几个月后或几年后，你记起的内容可能就所剩无几了。

图像记忆原理

图像记忆的原理就是：把需要记忆的文字、数字或英文单词等转化成生动的图像，就像看电影那样来进行记忆。以记忆英语字母来举例：

A（金字塔）、B（小猫的耳朵）、C（被咬了一大口的饼或弯弯的月亮）、D（拉满的弓箭）、E（一把梳子）、F（手枪或拐杖）、G（拳头）、H（梯子）、I（一截棍子）、J（鱼钩）、K（肯德基或者机关枪）、L（长筒靴）、M（大山）、N（桥洞）、O（泡泡）、P（红旗）、Q（虫子钻出鸡蛋）、R（芽）、S（蚯蚓）、T（天平）、U（杯子）、V（胜利手势）、W（波浪）、X（错误红叉）、Y（弹弓或树丫）、Z（凳子）。

虽然幼儿园并没有要求孩子背英文字母表，可是我陪云云玩的时候经常唱字母歌，她跟唱了许多次之后，不知不觉就背下来了。可是，她只能唱，并不认识字母。

刚开始的时候，我是点着字母念的，云云跟着我念了许多遍，却只能认出一两个。后来，我决定换个方法。我花了点时间，在网上根据字母的形状找了一些对应的图片，然后打印出来，让云云看着图片来联想记忆。

结果，一天工夫，云云就已经可以顺利将字母记下来了。

后来，云云要看哪部动画片，我只要念出首写字母，她就能顺利输入，找到相应的动画片。最关键的是，我发现图片辅助记忆的方法对孩子确实十分管用。

孩子把想要记住的知识点想象成生动的图像时，要尽量往自己熟悉的事物上联想。图片记忆的原则是越离奇对大脑的刺激越大，孩子就越容易记住。

经常运用图像记忆法不仅可以提高记忆力，还可以提高注意力、想象力、创造力。如果孩子能养成运用图像记忆的习惯，记忆知识点定会事半功倍。

家长不要打扰孩子，提升孩子专注力

生活中，家长经常抱怨现在的孩子太难管教，做什么都是三分钟热度：让他吃饭，他拿着饭碗看电视，电视剧看了一集又一集，饭还是没吃完；要他写作业，很可能一小时过去了他依然在做准备工作，拿出笔看到书包里的陀螺，先玩一会儿再说，拿出书看到几张好看的贴纸，得找个地方贴上欣赏一番再说，不知不觉，家长就忍不住河东狮吼了……

3～6岁的孩子就像患上了或轻或重的多动症，完全停不下来，最重要的是最后什么事情都不能保持专注力。其实并非如此。孩子为什么不专注，家长要先找原因，尤其先从自己的身上找问题。仔细想想，在陪伴孩子成长的过程中，你是不是有意无意地破坏了孩子的专注？大多数孩子两岁左右就能安静下来研究自己喜欢的、感兴趣的东西，会把全部的激情和力量投入其中。而当孩子想要专注干一件事情的时候，大人却总是忍不住搞破坏，总是以爱之名阻止干这干那，待孩子大些却又不能专注干一件事又把矛头指向了他。回想看看下面这些场景你们熟悉吗？

孩子玩积木时总是把小的放下面，大的堆上面，垮了一遍又一遍，爸爸看不顺眼了，赶紧告诉孩子："大的要放下面才不会垮！"孩子看了爸爸一眼，继续我行我素，倒了再来，垮了重堆，正乐此不疲地堆着，妈妈又出现了："来，宝贝，多穿一件衣服！"孩子极不耐烦地在妈妈的逼迫下穿上了衣服。刚准备继续堆积木，奶奶又拿了点心过来："别玩了，洗洗手，吃点心咯！"孩子此时是继续玩呢，还是放下积木吃点心呢？孩子内心一定无比烦恼：你们这些大人到底想干吗呀？人家安安静静地玩一会儿积木就这么难吗？

孩子一次一次地着迷于某样东西，家长一次一次地以各种理由和借口打扰他，然后，孩子的注意力再难以集中了。

这时候，家长们应该如何将孩子的注意力集中起来呢？

首先，给孩子一个不受干扰的房间，那里是他的世界，让他爱干什么干什么。孩子的书本、玩具都在这个房间，怕他坐地上玩耍着凉，你可以铺张地毯。

其次，适度把握大方向，给孩子提前约法三章，危险的、害人的、不道德的事不能做。总之就是不能伤害自己、伤害他人、伤害环境。

再次，平常同孩子谈事情，一遍说清不重复。这样也可以锻炼孩子专心听讲的好习惯。

最后，提前清除令孩子分心的事物。例如，孩子玩玩具，就只给他玩一样玩具，其他玩具收起来，避免孩子这个玩具玩一下，那个玩具摸一下，三心二意。孩子读书就只给他一本书，其他的书收起来。保证一次只做一件事，不受其他因素干扰。

特别要提醒家长的是：孩子成长路上需要的是观察者、协助者、鼓励者，而不是对他指手画脚的某个人。孩子独立玩耍的时候，如果不是十分必要或者万分紧急的情况，请保持安静，不要打扰他。

教孩子学会忍耐，培养课堂注意力

以前孩子的户外活动特别多，像我同年龄的小伙伴都非常喜欢捉鱼，大家都知道捉鱼的时候要一动不动，等鱼浮起来再抓住它；爬树的时候，也是要集中注意力，劲儿往一处使，才不会掉下去；跳房子、捉迷藏游戏等，也要排队等候，需要学会忍耐。家长安排的一些力所能及的家务，像扫地、煮饭等，也要按时做完，如果不准时做完就会被家长训斥一通。这样类似的训练机会很多很多，所以我们都不会太任性，到了课堂上也能很好地遵守规则，乖乖坐在椅子上听老师讲课。

现在的孩子受各种诱惑影响，不能安静坐下来。比如，我陪云云在客厅读绘本的时候，奶奶在旁边玩手机游戏。一听音乐声，云云的眼睛就会时不时望过去，慢慢地，她会开始动手帮奶奶玩，最后她干脆接过手机自己玩起来，倒把我晾在了一边。又比如，孩子的玩具堆积成山，他可以玩一会儿积木，觉得无聊时又去玩沙子，玩一会儿又去玩橡皮泥，转来转去，无法专注下来。

孩子需要忍耐的事情越来越少了，分散他们注意力的东西却越来越多，所以，想让孩子能够“坐在椅子上，集中精力听老师讲课”真的成了许多家长的一大难题。那么家长应该怎么做呢？

1. 从孩子的游戏中，锻炼他们的注意力

云云喜欢看《海底小纵队》。她看动画片的时候，只要我有空就陪她一起看，看完一集，我就会提各种各样的问题："对了，这集他们是救助了一个什么动物啊？""你觉得海底小纵队哪位队员帮了他们大忙呢？"有时候还会问一些细节性的问题："那只涨潮蟹有几条腿啊？""刚刚一共出现了几条小鲨鱼呢？"刚开始云云不能完全回答我的问题，因为她看电视的时候经常这儿跑那儿玩的，后来会慢慢地认真看完一集，也能完整回答我的问题了，有时候还能说出一些自己的想法，表现非常不错。

孩子喜欢玩，家长可以在网上或书店选购一些培养注意力、忍耐力的书籍，如《图画捉迷藏》，慢慢同孩子一起玩儿。我同云云一起玩儿过很多次，边玩儿边对她说："我要仔细观察，按顺序从左边找到右边，一点一点观察，这样就不会漏掉，也不用来回找，我就肯定能找全它们。"孩子听多了，这些话也会进入他们的潜意识里，并按你指导的方法来仔细、耐心查找。

2. 集中精神读书，听讲，练习

为了让孩子上课可以集中精神听老师讲课，家长可以在家里做一定的练习。

我给云云读书，读完之后，就会提出各种细节性的问题，让她回答，她答出来我就会夸她"果然是听得认真，这都被你回答出来了，真不错！"，如果有些她没回答出来，我就会鼓励她，"如果我读下一本的时候，你能够眼睛不乱看，手不乱动，小耳朵像猫咪一样竖起来仔细听的话，肯定就能回答上来了。"她就会乐得哈哈笑，然后用小手提提耳朵，表示要认真听。练习几次后，她就进入了状态，最终听一两遍就能轻松复述完整故事，并且她能说出很多令我惊讶的细节。

平常我们在接送孩子上下学的路上，可以给孩子讲一些小故事，然后提一些问题，让他给出一定的评价。孩子也会变得很认真听讲，注意力越来越集中。

多让孩子练习倾听，他就能更好地吸收并掌握老师的讲课内容。

3. 陪孩子进行一些游戏练习，看谁静止的时间长

练习静止的游戏有很多，我记得小时候有一个游戏是“小树、小树，不准动、不准笑”，看谁静止的时间最久，谁就赢得了比赛。家长可以时不时陪孩子玩一玩，他们静止的时间也会越来越长，这也是对孩子的一种锻炼。

课堂上也不是需要孩子完全静止，只需要孩子能够控制自己的行为即可，所以，还有一些“木头人游戏”也是可以选择的，该动的时候动，不应该动的时候可以完全不动，收放自如。

通过这样的游戏，孩子不仅玩得高兴，也锻炼了他们的自我控制能力，为他们日后上小学认真听课打下基础。

培养孩子的想象力，打好一切学习能力的基础

爱因斯坦曾说过：“想象力比知识更重要，因为知识是有限的，而想象力概括世界的一切。”

阅读力、理解力、记忆力同想象力直接相关。我们在阅读的时候，如果不能理解字里行间的意思，囫囵吞枣，即使阅读很多遍都是不能消化的，更别提留下深刻印象了。形象、生动的内容还是容易理解与记忆的，对于

一些抽象、枯燥的内容，我们需要借助丰富的想象力才能更好地理解与记忆。例如，我在记忆单词“ecclesiastical”时，前半部分怎么也记不住，后来我就反复读发音，读着读着，我联想到：“一颗栗子”即“ecclesi”，再加后面我能记住的“astical”，马上就记住了。更有意思的是，我分享出来我的记忆方法时，有一位网友回复我说，她也是反复记不住这个单词，看了我的联想，马上就记住了。想象可以让知识变得生动、形象，可以让我们更好地理解、消化掉这些知识内容。

注意力、思维力、创造力都离不开想象力。如果孩子懂得运用丰富的想象力将枯燥的知识转化成生动活泼的内容，那他就不会走神了。当孩子发挥想象时，不论是采用发散思维、创造思维、分析思维、归纳思维还是其他构想与思考方式，他们的思维力都会得到锻炼与提升。创造力就更不用说了，它总是伴随想象力而生。不怕做不到，只怕想不到。

所以说，想象力才是孩子学习力的核心，当孩子的想象力提高了，其他的各项学习能力都能随之爆发出来。那么，家长如何把握幼儿园这三年，积极锻炼与提升孩子的想象力呢?

1. 我们可以陪孩子看图讲故事与想象讲故事

我给云云读绘本的时候，总是以读图为主。对于云云喜欢的绘本，她会要求反复阅读，也许我陪她阅读的时候是讲一个故事，云云爸爸陪她阅读的时候又是讲另一个故事。读的多了，在我们还未开始阅读时，她就会拿起新绘本翻开图，自己先读一遍，一边看图一边嘴里念念有词地编故事。

看图讲故事玩得多了，我对云云提了新的建议，让她模仿编故事。我们读了一则关于“长颈鹿与鳄鱼谈恋爱”的故事，我就会让云云发挥想象，编老虎与猴子谈恋爱的故事、乌龟与兔子谈恋爱的故事等等。我们读了“鲨鱼大战大王乌贼”的故事，我会让云云发挥想象编小狗大战小猫的故事，七星瓢虫大战屎壳郎的故事，等等。

云云很喜欢讲故事，讲的多了，她随口就能编一个故事。上学路上，看到一只鸟儿从天空中飞过，云云会随口编一个鸟妈妈为了给小鸟寻找食物，如何历尽艰辛，最终照顾好自己宝宝的故事。放学时，我们坐在公交车上，云云又随口开始编故事，想象着有个巨大的外星人初次来到地球上，看到公交车还以为是个文具盒，一把抓起来，左看看，右瞧瞧，最后放下了……这样让人虚惊一场的小故事的确别出心裁。而我最多开个头，甚至不需要吭声，安静地做个听众就行了。云云便可以天马行空，各种小故事信手拈来。

2. 让艺术活动为孩子的想象插上翅膀

幼儿园其实有各种各样的艺术活动，孩子总会对其中的几种产生浓厚兴趣，家长只需要及时发现，并且积极引导即可。

云云学校的美术课是她最喜欢的一门课程，她在学校学了还觉得不够，在家里继续用心画。虽然画得不怎么样，她却热情高涨，还对我说："妈妈，能不能再给我报个美术兴趣班，周末我也要画画，我们班好多同学都比我画得好，她们就是参加了培训的。"我当即答应了她，到现在，她一直在画，并且画得越来越好。我发现创想画非常锻炼孩子的想象力，哪怕其他孩子都早早过渡到素描、线条画了，我还一直让云云画创想画。她总是会画出各种不可思议的东西来。

云云的学校还喜欢开展一些捏橡皮泥的手工活动，她在学校玩得高兴，回到家里自然也会把这份喜爱传达给我们。刚开始我给她买各色橡皮泥各200克，很快发现不够用了，于是她主要使用的颜色每种又买了1斤。令我没想到的是，随着她一个个作品出炉，橡皮泥买了一斤又一斤，她就这么一直捏了几年，手下的橡皮泥作品也由刚开始的青涩到栩栩如生。我发到朋友圈，引来其他家长一片赞叹声。

3. 让孩子在游戏中异想天开

云云从幼儿园放学后，经常会邀请一些朋友到家里玩，他们会继续学校里的游戏。她们最喜欢玩的是角色扮演游戏。一个孩子扮演妈妈，其他孩子扮演宝宝，妈妈要照顾所有的宝宝，给他们准备吃的，还要抱抱。而宝宝是最舒服的，可以要求妈妈剥橘子、洗葡萄吃，还可以让妈妈抱着玩。人物扮演很多遍之后，我给她们建议："你们可以扮演兔子妈妈与兔子宝宝呀！"她们一听，马上采纳了。把绘本中的《小兔子乖乖》《逃家小兔》《龟兔赛跑》表演了一遍又一遍，中间还加入了很多自由想象。

孩子喜欢玩的游戏很多，有些只要稍微改变一下，就能成为锻炼孩子想象力的游戏。例如，幼儿园常玩的开火车游戏。当云云与小朋友在家里玩的时候，我会把家里的大地球仪搬出来，让小孩子们任意发挥想象，把火车开去某个城市。有时候，我还会告诉她们所在城市有些什么特产或建筑，等等。我发现，游戏中，孩子们的思维超级活跃，比我们要放得开，想象力也要丰富许多。而这也正是我们想看到的结果，不是吗？

培养孩子想象力的活动还有很多，例如，出游、音乐、舞蹈、木偶游戏、皮影戏、折纸等。家长只需要抓住孩子的喜好，稍微引导发挥一下，就能达到不错的效果。

孩子的思维力一定要全面锤炼

一次家长会中，校长给我们说了一段非常有意思的话，大意是这样的："为什么很多科学家智商那么高，在科学技术上为人类做出了伟大的贡献，然而，他们却不能为自己创造幸福的生活呢？那是因为他们的思维广度不够。他们的高智商仅仅限于做学问的狭小范围内。"我对校长这段话是非常认可的，很多家长只注重灌输孩子科学文化知识，即使孩子最终取得成就也未必幸福。这算是给我们敲响了警钟，让我们尽早培养孩子全面的思维能力。

良好的思维习惯到底是怎样的呢？思考问题快，看问题有自己的独特见解，不会人云亦云；思考问题懂得从多角度、多方面考虑，并且可以想到事物的内在联系。孩子的不同年龄段，对思维能力的锻炼方式都不相同，对于幼儿园的孩子，家长可以从以下几方面培养孩子的思维力。

1. 找规律与共同点，学会分析与总结

平常我很喜欢同云云玩分类的游戏。在超市的时候，我们会留意水产区、水果区、蔬菜区、零食区、文具区等，看看那个区的东西都有一些什么，它们有什么共同点，等等。

有一次，云云从学校回来十分沮丧，一路上她都在问我："妈妈，南瓜到底是不是水果？"我回答她："南瓜是蔬菜，不是水果。"她非常懊恼地告诉我："老师出了一道题目，有桃子、西瓜、南瓜、香蕉、苹果的图片，然后问我们这里一共有多少种水果，结果其他同学都回答 5 种，我回答 4 种，可是老师批评了我，说正确答案是 5 种。"

听到云云的这个"错误"，我瞬间高兴起来，因为她思考的比别的孩子多，她想到了哪些属于水果这一大类，然后再点数量。至于南瓜到底是不是水果，结果就没那么重要了。我鼓励云云说："宝贝，你的思考方式是对的，如果让妈妈答题，妈妈的答案同你一样。至于南瓜到底是不是水果，你记住这个问题，以后我们再找资料好好看看吧。"她点点头，心情缓和了许多。

云云读幼儿园小班、中班的时候，我会让她看具体、形象的事物或图片找规律与共同点。等到她读幼儿园大班了，思维能力明显更强一些时，我又为她加深了难度。我会写一些有规律的数字，然后让她试着根据规律填数，刚开始她总是拒绝找规律，后来我陪她找过几次后，她爱上了这个游戏，玩得不亦乐乎。

有一次，我打算抄一行字，云云赶紧跑过来说："妈妈，我报一个，你写一个好吗？"我说："这个不好玩，我们玩个有意思的，你猜猜看妈妈下一个字写什么，一定是有规律的，如果你找着规律了，你读什么我写什么。"我开始写了，先写最后一个字，然后写第一个字，再写倒数第二个字，然后是第二个字，再是倒数第三个字……云云刚开始总是猜错，但当我写到倒数第三个字后，她试探性地读了第三个字，当我写下第三个字时，她高兴坏了。接着她读倒数第四个字，我也写了这个字，她便确定地说："哈哈，原来妈妈的规律这么简单，后面，前面，后面，前面全都按顺序写的！"

2. 阅读与实践，让孩子学会推理

孩子年龄尚小，经验有限，而推理往往建立在以往知识的基础上。家长要把握由浅到深，由形象到抽象的原则来锻炼孩子的推理能力。

例如，如果我们告诉孩子 A 比 B 大，B 比 C 大，那么可以推出 A 比 C 大。孩子可能会被我们绕得晕头转向。我们可以改变一下问题的表述方式，如西瓜比苹果大，苹果比李子大，所以，西瓜比李子大。孩子可以通过想象理解题意，自然可以推理出正确的答案。

平常我们也可以通过与孩子玩"猜一猜"游戏锻炼孩子的推理能力，比如，猜谜语就是一个非常不错的练习。通过提供一定的线索，引导孩子推理出答案。

3. 借助图像、文字与符号，让孩子明白抽象与概括

孩子的思维同我们成年人不同，比如数字 1、2、3、4……在他们眼中只是一个一个独立的抽象符号，他们不会把这些数字与物体联系起来。

家长可以通过图片或事物让孩子来明白这些文字与符号代表的究竟是什么。例如，1 可以代表一支铅笔，也可以代表一捆铅笔。

当孩子慢慢明白了文字、符号与具体事物之间的关系，他的思维就很容易活跃起来，学知识的时候也会觉得形象生动许多。

4. 教孩子下棋与玩魔方，培养孩子全面考虑问题的思维

下棋与玩魔方是非常锻炼孩子全面思维能力的。家长可以陪孩子一起玩，也许有些孩子刚开始会有畏难情绪，家长可以降低难度，耐心教导，当孩子熟悉规则后就能玩得越来越好了。

我侄儿图图读幼儿园大班时学下象棋，我才说两遍下棋规则，他就记住了，并且能够按规则下棋。刚开始他会不断悔棋、输棋，但是一天天坚持游戏，考虑问题自然就会越来越全面。孩子的学习兴趣是非常大的，特别是图图的幼儿园也开设了象棋兴趣班，图图虽然没有参加培训，可是他挑战兴趣班下象棋最厉害的那位同学时，居然轻松获胜了。同学们纷纷向他求教，这让他回到家后，更加努力钻研起来，他甚至可以自己读棋谱，自己与自己下象棋，而且一下就是一个多小时。

云云不喜欢下象棋，她认为太复杂了，丝毫提不起兴趣。于是我改变了方法，陪她玩五子棋。五子棋操作起来非常简单，偶尔还故意让她赢一两次，她高兴得手舞足蹈，逐一挑战家里的每位成员。刚开始，她只是知道游戏规则，努力堵我的棋，到后来，她还懂得摆个局，做陷阱让我入局，最终赢我的棋。我看她玩得很熟练了，又将五子棋引申到了围棋，小家伙依然追上来玩。很长一段时间，如果晚饭后时间多我们就下围棋，如果时间少就下五子棋，玩得不亦乐乎。

为了培养云云的全面思维能力，爱人又给她买了几种层次的魔方。我对于空间立体的东西不太擅长，于是把陪云云玩魔方的任务交给了爱人。刚开始云云拒绝玩，她极不情愿地说："爸爸，我陪你下棋好不好？这个魔方对于我这么大的孩子来说太难了。"我赶紧提个建议："不如先教孩子拼一个面吧！"难度降下来后，云云终于愿意尝试了，一个多小时过去了，云云得意地拿着魔方教我拼白面。后来，她又开始学习拼其他的面，越拼越难。来家里的小朋友看着云云玩魔方，拧来拧去羡慕得很，当云云提议教他们一起玩魔方时，没有一个小朋友愿意接招儿，最多只是乱拧几下就放弃了。

要培养孩子的全面思维能力并不是一件容易的事，太多错综复杂的关系要考虑，自然是有些费脑的。孩子刚开始可能都会抗拒，家长可以适当给孩子调整难度，一步步来，不要急。相信，孩子会在我们耐心的引导下不断进步的。

如何培养孩子的创新能力

我们经常在偶像剧里见到男主角或女主角在关键时刻，被竞争对手打得奄奄一息时，还能凭借自己的能力神来一笔打个翻身仗，令观众拍案叫绝。无论是创新的设计、创新的产品，还是创新的宣传方式，给他们创造奇迹的这种能力大多就是创新能力。如果家长能够从小就培养孩子，指不定哪天他就能做出令你刮目相看的事情，就像电视剧的男女主角那样。

曾有人对小学生与幼儿园大班的学生做过一个有意思的实验，他拿出一个玻璃杯问他们有什么用？小学生给出的答案无非就四种：喝水、喝茶、装热水暖手、透过玻璃杯可以看到东西。而幼儿园大班的孩子答案却更丰富多彩一些，他们回答玻璃杯可以养鱼、栽花、当传声器、摔碎了拼画、当玩具、当礼物、扣骰子等等。由此可见，孩子小的时候创造力会更丰富一些，随着年龄的增长，许多条条框框限制了他们，创新能力就慢慢减弱了。

正是因为如此，孩子的创新能力才更显得弥足珍贵，那么家长要如何培养他们的创新能力呢？

1. 激发孩子的好奇心，给他们创造条件做各种尝试

越小的孩子好奇心越强，他们总是想凭借自己的力量探索这个未知的世界，什么都想用嘴尝一尝，用手摸一摸。在安全许可的范围内，家长不要打搅他们去探索，还可以带孩子到不同的环境下去探索。

云云喜欢玩水彩画，经常一玩就是一两个小时，当我看到她的时候，经常被她满身颜料的样子吓到。我索性教她用手指蘸着颜料画画，用手掌蘸着颜料画画。有一次云云告诉我："妈妈，你知道吗？如果把红色的颜料画在绿色的颜料上面，就会变成黄色的；如果把红色、黄色、蓝色放到一起搅拌就会变成黑色的，你说是不是很神奇？"虽然我早就听说过这些原理，可我从来没有自己动手操作过，于是我称赞她的发现，还让她调给我看。

云云玩橡皮泥的时候，试着将各种颜色放在一起捏，也同样发现了颜色是可以调出来的，并且她还从电视里学了做橡皮泥的方法，找奶奶要了一些面粉，加了一些盐和水拼命搅拌，最终还真的做出了橡皮泥，虽然手感没有我买的那么好用，但这也算是不错的了。

2. 别打扰孩子，别给孩子太多限制

为了保护我们求知欲满满、探索精神十足的孩子，家长总喜欢跟在身后告诉他"这样不可以，那样不可以""这个不可以碰，那个不可以碰"。我有个朋友还带着欣喜的口吻告诉我："我女儿可乖呢，做什么事情都看我的脸色行事，我脸色好，她就去做，我脸色不好，她就住手了。"如果我们的认识是一个小小的圆，那孩子的认识就只能局限在你这个小小的圆里，不可能再大，这样养育出来的孩子在想象力和创造力方面会差一些。

有一次，云云拿起剪刀要剪纸的时候，奶奶吓坏了，赶紧让她放下，我看到后便给她买了几把塑料材质的安全剪刀。她除了剪纸、剪零食包装袋，还能拆快递包裹，还经常把自己画好的画剪出来，贴在这儿，粘在那儿，玩得高兴极了，比起这些探索的快乐，一点牺牲又算得了什么呢。

3. 鼓励孩子标新立异，与众不同

当孩子的玩法与其他玩伴不同的时候，只要没有安全问题，我们就可以鼓励孩子，支持他体验与众不同的感受。云云特别爱玩荡秋千，从小胆子特别大，绳索也抓得特别牢，能荡很高。其他小朋友看她这么玩，也想要学习，可家长就在一旁告诉他们："太危险了，不要这么玩！"于是他们永远都是乖乖坐在秋千上，家长在身后替他们推，荡着不高不矮的高度，体验着一样的感觉。

4. 从小鼓励孩子一题多解

给孩子读故事的时候，我们可以不读故事的结尾以便让孩子发挥想象力，看看结局有多少种可能；拼图的时候，可以让孩子拼出各种不同的图案来；作画的时候，可以先拿树叶、手掌盖一个模型，然后在上面加工画成不同的画……家长要尽量发散孩子的思维，让他想出所有他能想到的解答方式，孩子的答案越多，思维越开阔，创新能力就越强。

为了让孩子拥有更多的好答案，家长可以教他一些创新的技巧，主要有延伸、综合、演绎、变向等，让孩子慢慢在答题中运用，并熟练掌握这些创新技能，日后肯定用得上。

Kindergarten

第六章

因材施教，让孩子的大脑得到充分的发育

孩子的大脑发育速度不尽相同，即使孩子在学校接受的教育是千篇一律的，身为家长的我们也要像园丁一样，尊重孩子大脑发育的个体差异，因材施教，尊重孩子的实际情况，帮助孩子树立信心，激发孩子自主学习的热情，让孩子的大脑得到最充分的开发。

帮孩子找到大脑发育最自然的途径

只要家长稍微细心一点儿就会发现，孩子对有些事情十分厌恶，然而对自己感兴趣的事情却可以一直做，并且乐此不疲。家长想办法找到孩子“疯狂”去做的事情，就是帮助孩子找到了大脑发育最自然的途径。

很多父母都反映教孩子是劳心劳力的事，一天下来疲惫不堪。而孩子其实感觉并不比我们好多少。父母期望孩子学这学那，做这做那，但孩子并不是机器人，但是在感情世界里，孩子的喜怒哀乐与我们并没有什么不同，有些孩子表现得对父母言听计从，十分乖巧，这并不代表孩子过得幸福开心，相反，他们只是为了满足父母的期望而努力，孩子很可能一直在压抑自己没时间做喜欢的事的感受，也可能终其一生都“不明白自己真正想做什么”，最终变成一个不了解真正自己的人，就像一个任凭父母安排与操控的人偶。

让孩子做自己喜欢的事，而不是父母喜欢的事

孩子都希望看到父母高兴，因为只有父母高兴了，才会抱他，给他笑脸，并且奖励他。“其实不想做，但是妈妈喜欢我做”，孩子一直以这种状态硬撑着，久而久之就会失去自我判断的能力，大脑中那部分根据自己的真实感情而行动的能力就休眠了。而“让妈妈高兴”相关的那部分却经常不断强化训练，变得越来越发达。

随着孩子成长，他们会读书识字了，他们读书并不觉得是为了让自己

学知识，学本领，也不会为了“想读自己感兴趣领域的书”或是“喜欢哪个作者的书”而学习。对于他们来说无非就是“为读书而读书”，这毫无乐趣可言。所以，一直以来，很多人的学生生涯都是痛苦不堪的。

早期教育不能让孩子做他热衷的事，那就趁早放弃

在很多早教课堂上，我们会看到一些3岁写日记，或者背诵整本《弟子规》、记忆整本《千字文》的孩子，不少孩子5岁前就能识字两三千。我们静下心来想想，这是孩子这个时期想要做的事，还是家长希望他们去做的事呢？

孩子心里明白“我这么做会让妈妈高兴”“这样做爸爸才会夸我”，明明自己不想做，却不得不假装成自己想做，仅仅是为了满足父母等周围人的期待，而将自己内心喜欢的事情深深埋藏起来。

如果要让孩子参加早教课堂，就必须选择孩子“着魔一样”想要去做的事，而不是“父母高兴的事”，如果家长要对孩子做早期教育，最好把握好这个精髓。否则，你就有可能毁了孩子幸福的机会，至少在学习是上这样。

让孩子做自己喜欢的事，可以提高大脑机能

孩子对某件事情非常热衷的时期类似于早教理论中的敏感期，孩子在这一时期做事最能提高大脑的机能。

在这一时期，父母要做的就是尽可能多地给孩子提供自由活动的氛围、安心玩耍的环境、适合他们年龄的丰富素材，给孩子不同体验的机会与条件，也就是要有意识地创造促进孩子大脑发育的环境。孩子会从中选择自己偏爱的事物与方向，当孩子慢慢把这件事情做熟练之后，他就会对这件事情失去兴趣，转而挑战更难的事情。在挑战中他的能力不断提升，自信

心也不断增强，这才是孩子应该选择的路。

孩子大脑发育与该时期的兴趣爱好步调一致

揠苗助长的故事我们耳熟能详，我们一方面害怕自己干这种事害了孩子，一方面又忍不住想要孩子早点做更多的事情，并且偏执地认为只有这样孩子的大脑才能发育得更快，才能变成更优秀的人。这也是很多家长喜欢对孩子进行早期教育的原因。

其实家长大可不必这么辛苦，如果孩子喜欢把东西扔来扔去，并且觉得十分有趣，乐此不疲，就让他们扔吧，他们这时期对有目标的投球不感兴趣，我们不用强迫他们，他们只想把东西扔出去而已。扔多了，孩子就会觉得腻了，转而挑战更高难度的活动。

家长只需要让孩子做他自己感兴趣的事，尽情去做，让他的大脑处于活跃状态，激发他待开发的潜能。

我们也能培养出“爱因斯坦”

爱因斯坦的曾孙保罗·爱因斯坦曾经造访武汉，有人托媒体问他：“爱因斯坦小时候吃什么才那么聪明？”他沉思了几秒钟，然后微笑着回答：“爱，是父母能给予孩子最好的‘食物’。”

由此看来，爱因斯坦的聪明才智得以施展与父母对他的精心培养分不开。那么，我们该怎样精心培养自己的孩子呢？

耐心倾听孩子的疑问与想象

其实孩子刚开始，小小的脑袋里装着各种疑问与想象。父母与老师都急着给孩子答案，或者急着对孩子的想象进行评价。其实，答案与评价都不是重点，重点是如何让孩子保持强烈的好奇心，如果我们提供的答案磨灭了孩子的好奇心，那宁可不要给出答案。我们只需要认真倾听孩子诉说各种疑问、想象即可，因为倾听本身就是一种非常有效的方式。

允许孩子对某些东西着迷

爱因斯坦小时候就特别着迷于玩拼图游戏，对于所有会动的零件都很着迷，很多孩子都有类似的行为，只不过着迷的对象不一样罢了。这种“专注”“着迷”就是杰出创造者的必备条件。

孩子对于自己特别喜欢的东西会表现出着迷，甚至废寝忘食，家长千万不要因此而指责他或者制止他。只要孩子着迷的事物不伤身心，不伤他人，家长要尽可能珍惜孩子这种着迷的行为。

给时间让孩子静静地思考

爱因斯坦从小就喜欢独处与思索。能够有时间进行反思，也是培养孩子成为杰出创造人物的好方法之一。家长要给孩子创造条件，任何时候都不要急于给出答案，要留出时间让孩子自己思考。

接纳孩子的平凡与对熟知主题的好奇

家长不必要求孩子从小就表现突出，我们要接纳孩子的平凡，多给孩子一些发展的空间与探索潜能的机会。

孩子与成年人一样，对自己熟知的主题会感到特别好奇，哪怕在成年人看来多么的渺小，我们也要尊重他，鼓励他继续探索，精益求精。

鼓励孩子阅读，为孩子提供合适的课外读物

绝大多数有所作为的人士都喜欢阅读，爱因斯坦从小也很喜欢阅读，通过阅读哲学与科学著作，奠定了爱因斯坦的世界观基础。

随着社会的发展，大家都知道了阅读的好处。因此家长更应该为孩子挑选优良的课外读物，鼓励孩子多多读书。当家长用这些“爱的食物”喂养孩子时，孩子才有可能成为下一个“爱因斯坦”。

给孩子自由，因材施教更简单

“因材施教”更容易让孩子成才，两千多年前我们祖先就知道了，那么，今天的我们究竟如何做到因材施教呢？

了解孩子的优缺点，让孩子自主选择兴趣爱好

父母应该了解孩子德智体美劳发展的特点，各学科的学习情况与成绩，兴趣爱好、特长以及不足之处。只有这样，父母才能根据孩子的优缺点来引导孩子。

当孩子某个时期对某项活动感兴趣时，孩子往往愿意投入更多的精力。如果父母干涉，让孩子去做他并不喜欢的事情，就会束缚孩子的发展，严重的还会造成孩子的逆反心理。只有父母尊重孩子的选择，细心呵护孩子的兴趣爱好，将做决定的权利交给孩子，然后对孩子进行适当地引导，这样孩子的各项潜能才能得到最大限度的发挥。

给孩子自由空间，对其进行个性化教育

给孩子适度的空间，并不代表可以纵容孩子的不当行为。孩子需要在自由的环境中完善自己的心智，但是必须有规矩作为保证，这也是孩子获

得自由的基础和前提。家长可以给孩子一定的时间与空间，某个时间段由孩子自由支配，他可以做他喜欢的、感兴趣的事情。孩子拥有他自己的小空间，可以是玩具屋，也可以是娱乐空间或者小书房，等等。孩子可以在自己的空间里自由玩耍、学习、发泄情绪等，培养起自己的独立性。

此外，每个孩子都不相同，教育很重要的一个目的就是要开发出每个孩子的差异性、独特性和创造性。父母要摸索出适合自己孩子的教育方式，而不是生搬硬套别人的教子模式。

云云从小很喜欢读书，可是她很反感单独学识字。我朋友的孩子与她年龄差不多，读大班时便能识三四百个字了，每天都在家里与父母玩识字游戏，学得很开心。我也买了一些识字卡片给云云玩，可是她一点儿也不感兴趣。于是，我放弃了，不再和她认识字卡片，只读她喜欢的绘本故事、儿歌等。

过了两个月，云云自己从学校带回来一些英语单词卡片，急切地找我用线串起来放好。我突然想到一个办法，我把识字卡片拿出来对云云说："不如咱们也看看这些卡片，哪些是你会的，你挑出来，我们也打孔串起来，好不好？"云云为了每天可以串几张卡片，开始主动认字，不知不觉，一盒一百张的卡片就在一个月内消化掉了，并且她也学得非常开心。

云云认完识字卡片后，似乎对识字有了一定的兴趣，在我们读绘本故事、儿歌的时候，时不时就会问我这个字怎么读，那个字是什么音，我只需要随着她的需求给予指点，她认识的字也越来越多。

因势利导，全面发展

孩子总会有自己的长处与短处，家长要避免采用压制、强迫的方式让孩子学习，我们要让孩子处于一种愉悦的心理状态之中，把学习作为一种享受，孩子自然会提高学习效率。

家长只需要持平常心对待孩子的成长，因势利导才是对孩子最好的教育。父母要仔细观察，鼓励孩子积极发展长处，增加孩子克服缺点的自信，或者将孩子讨厌的事情包装打扮成孩子感兴趣的样子。例如，我让云云把认识的字串起来，而对于她不认识的字，她为了享受每天串几张卡片的成就感，自然也会主动去学习。方法很多，只要孩子乐意接受的都可以，这样才能更快达到帮助孩子全面发展的目的。

正确教育的时机需要等待

云云 3 岁那年上幼儿园，回到家里什么都想尝试，画画呀、跳舞呀、写字呀，家人都说她是三分钟热度，让我不要理。我没有听，买回了画画的蜡笔、水彩水、彩铅、一笔画与填色画册 10 册；买回了跳舞用的裙子、舞蹈鞋；还买回了写字用的描红本子 14 册。结果真应了家人说的那句话，云云只是碰了碰就表示没兴趣，不想玩了。家人提议既然买了就不能浪费，让我逼她练习，好歹这也是她自己要求的。我并没有这么做，我知道买回来的东西不会浪费，我们需要等待一个时机……

转眼云云 4 岁多了，读幼儿园大班了，他们学校开始练习写字，我赶紧把之前买的 14 册描红本子放在她能拿到的书架上，每天她都会选一本出来练上一会儿。有时候她心情好，想画画，我又把 10 本画册拿下来，放在她能够到的书架上，她时不时就会拿一本描一描，画一画。只有舞蹈练习她没坚持，玩了半年，对我解释说自己太小了，等长大一些再练习，我也表示同意了。我深知，养育孩子不是一场百米赛，跑完就没事了。这是一场马拉松，不急于一时，我们可以等孩子有兴趣了，再教给她们想要学的知识，她学得开心，我教得轻松，何乐而不为呢？而这这段时间或许只要静静等待一两年就行了。

很多家长不愿意等，总喜欢拿自家孩子与同年龄的孩子比。别人的孩子两岁读早教班，他们家的一岁半就读早教班；别人家的 6 岁读小学，他们家恨不得 5 岁就开始读小学。甚至还出现了一些妈妈没到生产期就剖腹产的，就是为了让孩子早一年上小学。试问：孩子走向社会后，大一岁与小一岁走上工作岗位对他人生的影响大吗？显然不是。而家长所做这一切还是以牺牲孩子正常发育为代价的。

越来越多的研究报告指出：家长逼着孩子提前学，孩子就会把学习当成是劳动，丝毫没有乐趣可言，更无法持之以恒。大家都知道，孩子到小学三年级时成绩会有一次大波动，有些原本成绩好的，成绩却突然滑下来了，而有些成绩平平的，成绩却突然上升。这是怎么回事呢？我觉得很有可能与家长的早期教育有关。被家长逼着接受早教的孩子早早就学会了小学前期的知识，即使他们在课堂上没精打采，不听老师讲课，考试成绩也不会差。而那些后来者则是自主选择喜欢的知识去学习，他们兴趣满满地学习，当然要比顺着父母意愿勉强学习的孩子优秀得多。

当然我并不是说学得越晚越好，只是提倡家长在早期教育的时候，能够尊重孩子的兴趣，让孩子怀着一颗愉悦的心去学习。如果孩子对家长引导的学习内容是抗拒的，就像我女儿三岁多的时候不愿意画画与写字，就会产生一种抗拒感，这反而不利于孩子学习和成长。因此，父母需要做的不是催促与逼迫孩子，而是站在一旁等待观望。

在卢梭的教育思想中，反复强调的就是“消极教育”。比如，孩子弄坏了一样东西，这种情况下，父母不要直接买新的换上，而是要等到孩子自己去了解，去体会，然后改正自己的行为方式。

简言之，是孩子要知道他做每件事情的后果，家长需要耐心引导，他就会发自内心懂得下次应该怎么办才能避免这种不好的感受。

育儿的道路漫长修远，家长须保持一种平和的心境，只要耐心等一等，就会遇到更好的机会。

教育如龟兔赛跑：不怕慢，只怕停

孩子刚出生的时候，很多家长都信心满满，一定要抓好孩子的教育，让孩子的潜能尽早得到开发，不是为了争第一，只是为了孩子以后能学习得轻松一些，不要落后别人太多。

而孩子真正出生后，家长也是忙前忙后，有时候也会耐心地陪孩子说说话，可是，孩子却还是一副茫然的表情，于是便开始动摇了，觉得现在还早，等孩子能互动后再说。

孩子渐渐长大后，我们开始与孩子互动，然而，我们就像一个没有备课的老师，不知道从何说起。好不容易上了一两年早教课，感觉孩子似乎有了点进步，又要送幼儿园了，家长终于放下心中的负担，家庭教育便彻底停止了。

孩子的时间与精力都有限，要么在父母的精心安排与引导下做一些有意义的，开发自己智力、动手能力，培养良好习惯的事情，要么让孩子自己玩，但是孩子的判断力有限，如果孩子把时间花在了无聊的事情上，比如无休止地玩电脑游戏、看动画片，那么就会受到不良影响，甚至变得对很多事没兴趣、没耐性，动手能力也会变差等。如此一来，即使早期的教育效果再好，也会因为后来的教育停止而前功尽弃。

孩子出生后，从小到大，几乎 2/3 的时间生活在家庭之中，每天都在接受着家长的教育。这种教育是在有意和无意、计划和无计划、自觉和不自觉之中进行的，不管是以什么方式、在什么时间进行教育，都是家长以其自身的言行随时随地影响着孩子。这种教育对孩子的生活习惯、道德品行、谈吐举止等都会产生潜移默化的影响。所以，我们对孩子的教育可以慢慢来，但是绝不能停止。

小雪自幼随奶奶在农村生活，奶奶是一位老师，虽然没有像城里人那样每天都给小雪安排教育计划，可是奶奶却也有自己的一套教育方法。

从小奶奶就让小雪自己的事情自己做，还教她一定要学会给自己做计划，安排好自己的生活与学习。小雪刚开始总是做做停停，奶奶却没有放弃，不断引导、鼓励，小雪最终喜欢上了做计划，并且完成计划上的一件事就打一个钩，最后看到一页一页的钩，小雪觉得很有成就感。

时间过得很快，小雪要读小学了，妈妈把她接到了城里读大班。小雪妈妈和我是好朋友，她担心地对我说："小雪一直在乡下读书，现在要与城里的孩子一起，我真怕她跟不上。"我安慰她："别操之过急，慢慢来！别给孩子太大的压力。"

事实上，小雪进了幼儿园以后，完全没有让妈妈担心，她每天坚持做计划，按计划清单完成任务，课前预习课本，上课认真听讲，课后回家第一时间做作业，她的语文与数学功课都非常好，但英语基础比别人差，所以就特别认真听与课本搭配的光盘，每天坚持额外练习一小时，从不间断。小雪妈妈需要做的事情就是每天在小雪的作业本上签个名。

很快到了期末，小雪妈妈第一次参加了家长会，没想到小雪班主任极力赞赏她，不无感慨地说："你们家小雪真是太棒了，学习很积极主动，虽然英语基础不好，可是她很努力、用心，每篇英语会话都能背下来，真不错。”后来，老师主动给小雪补习英语，小雪从一个单词不认识到可以用英语主持幼儿园节目了。小雪妈妈不知道说什么好，打电话给小雪奶奶报喜，并且感激得说不出话来。小雪奶奶叮嘱女儿：“教育不怕慢，只怕停。你只需要时刻训练小雪坚持的精神，给她一个坚持的理由，其他的事情就交给小雪去做吧，相信她，她能做好的！”

多么朴素的家教理论，多么简单实用的育儿方法呀，“不怕慢，只怕停”。只要孩子能够坚持，还有什么做不到的呢？

让亮点照亮孩子的人生

每个孩子都有自己的亮点，即使是最后一名的孩子也不是一无是处，他只是光点隐晦，没被发现。如果家长能够在他擅长的领域不断肯定他，就能产生正向晕轮效应，照亮其他地方。

寻找孩子的亮点

所有的孩子都渴望得到他人的肯定，通过他人的肯定来增强自信。如果孩子自信心不足，则处处都会表现得落后，家长可以陪孩子做这个“寻找亮点”的练习。即帮助孩子至少找一个亮点，创造一个成功的机会。

例如：孩子的数学不好，他的表达能力怎么样？

孩子的艺术不好，他的人际关系怎么样？

孩子的人际关系不好，他的运动天赋怎么样？

这个“寻找亮点”的练习可以无穷无尽，他的秘诀就是领域特定、领域分化和多元智能。

肯定孩子擅长的特定领域

当家长找到了孩子的亮点之后，可以联合老师一起，肯定孩子这方面的才能，并且尽可能让别人也知道，让别人对孩子产生羡慕之情。奇怪的是，孩子一旦在某个小的领域得到肯定并取得成功后，他就会将成功经验扩散到其他领域。原因就在于当他建立自信，赢得尊严之后，对其他领域的学习也开始恢复信心。

云云幼儿园班上有个特别漂亮的小女孩叫小莹，她每天最在乎的就是穿什么漂亮的衣服，扎什么漂亮的小辫子。上课时，老师在上面讲课，她在下面讲小话；下课时，同学们玩各种游戏、参加各种活动，她因为害怕弄脏漂亮的衣服，就一个人在旁边呆呆地站着。

班主任老师找家长沟通后，决定从表扬她最引以为傲的长相入手。老师对她说："小莹啊，你看你长得像个洋娃娃一样，又可爱，又漂亮。"小莹听了老师的表扬，十分得意。老师继续说："你的外表是十分出众了，如果你上课能好好听课，多学知识，下课多与同学玩耍，多交朋友，多锻炼自己，那你的外表与内在自然都丰富了。"据小莹妈妈说，其实小莹并没有听懂什么叫"内在"，不过她认为应该听老师的话，多多努力，她就能更完美了。随着老师与家长的一次又一次的肯定，小莹上课讲小话的次数越来越少了，并且各种不良行为都在慢慢改正，真是让大家刮目相看。

孩子的某个亮点，只是一根杠杆的支点，就像一把钥匙打开秘密花园之后，往往后面还能看到百花齐放。

每一个孩子即使不是一颗星星，也应该是一只萤火虫。只要有亮点，就有起点，就能照亮黑暗。

“第一件事”与“最后一件事”

人都有喜好，有自己喜欢的味道，有自己讨厌的味道；有自己喜欢的学科，也有自己反感的学科；有自己喜欢做的事，也有自己厌恶的事……如果孩子刚好讨厌做的事对孩子有好处，家长希望孩子去做，怎么办呢？

有的家长靠哄骗，但如果孩子发现是哄骗，他以后可能就不再相信你了，甚至还可能学会撒谎；有的家长靠高压逼迫，这种情况下，孩子要么表现出叛逆，要么屈服，如此一来，孩子要么变得怕事，要么变得工于心计，喜欢伪装，这都不是什么好事。

对于那些拿孩子没办法的家长，我告诉大家一个好主意，就是“第一件事”与“最后一件事”的原则。

对挑食的孩子，“第一口”与“最后一口”

孩子挑食，有些对身体极好的食物，他们却一口也不愿意吃。家长可以准备几道孩子喜欢吃的菜，然后告诉孩子游戏规则：如果肯吃“第一口”，那么接下来就可以享用自己喜欢吃的食物了。当然，不包括家长反对的垃圾食品。

孩子为了吃到自己喜欢的美食，就会有勇气去尝试新奇的口味。因为这只是极少量的一口，相对于后面享受的美食，远远可以抵消孩子的那种不情愿。

对偏科的孩子，“前 5 分钟”与“后 25 分钟”

有些孩子偏科，只喜欢复习与预习自己喜欢的科目，而不愿意去碰自己不擅长的科目。家长可以鼓励孩子，先预习或复习 5 分钟不喜欢的科目，接下来的时间可以由孩子自由支配，预习或复习任何他喜欢的科目。

当我们把孩子讨厌的科目时间缩短成“忍一忍就能过去”时，孩子就会变得不那么抗拒而主动愿意去尝试。日积月累，孩子尝试的次数多了，对讨厌的科目学习得多了，也会变得不那么恐惧与陌生了，如果家长再指导一下学习方法，孩子很可能就会喜欢上这门学科。

对兴趣不够广泛的孩子，“前一件事”与“后一件事”

有些孩子整天闷在房子里，只知道看电视与玩手机，其他事都不感兴趣，几乎到了疯狂的程度。家长往往拿这样的孩子没办法。如果我们突然让孩子去做某件新鲜的事情，或者让孩子参加某项他不知道怎么玩的活动，孩子很可能提不起兴趣，爱理不理的。家长也会慢慢失去提议的热情。

我们不妨对孩子也采用这种办法，早餐后或者放学回到家，“第一件事”做父母要求孩子尝试的事情，然后余下的时间都归孩子。孩子认为做家长安排的事反正就一会儿，就会变得勇敢起来，一般都会答应家长的要求。当他们不断尝试新的体验以后，兴趣爱好就会慢慢广泛起来。

“第一件事”和“最后一件事”规则可以应用于育儿领域，它可以帮助孩子克服本能的抑制，激励他勇敢地去尝试新的事物。

强化令孩子痴迷的“歪门邪道”

每个孩子，包括那些智障的儿童或许都有一项潜能或特长。遗憾的是，这些宝藏就像埋藏在沙子中的黄金钻石一样，被人挖掘出来的少之又少，这些天赋大部分都由于没有人来唤醒、强化和鼓励，而一直处于休眠状态。

举世闻名的物理学家爱因斯坦的自白是很值得后人沉思的，他说自己并没有过人的才华，他只是有着“狂热的好奇心”。他正是因为好奇心得到了满足，才有机会提出光子假设，成功解释光电效应，因此获得诺贝尔物理奖，被美国《时代周刊》评选为“世纪伟人”。

可是我们的孩子就没有爱因斯坦那么好运了，当我们的孩子痴迷于某样东西的时候，家长却告诉孩子那是“歪门邪道”，不断阻止孩子去探索、去发现，最终孩子的好奇心被打击而不了了之，一生碌碌无为。

很多父母都想知道孩子的潜能与特长到底是什么？我们怎么去识别与挖掘呢？

父母要成为孩子忠实的观察者

如果父母放弃干涉，放手让孩子去尽情发挥，在安全许可的范围内，可以允许孩子做他们想做的事情，而我们只充当一个忠实的观察者，那么孩子的一举一动就会不断向你展示他们的潜能与特长，只要父母仔细观察，你就会有惊喜的发现。

孩子特别喜欢涂鸦，他们把墙壁上、写字台上、饭桌上、杂志上、书上画得到处都是，而且还乐此不疲，这证明孩子很可能有绘画的天赋，他喜欢用画画来表达自己的内心。

孩子整天迷恋那些汽车、飞机、坦克的模型，并且总是拆拆装装，忙个不停，甚至连吃饭也忘记了，这证明孩子很可能在机械工程方面有自己的天赋。

孩子总是把一些花花草草、小虫子、小蚂蚁带回家，不断观察它们，并且小心翼翼，这说明孩子对动植物兴趣浓厚。

……

很多时候，家长看到孩子痴迷的，就出手阻止。其实，在孩子幼儿期对某一事物痴迷对他们将来是有好处的。有教育学家认为，孩子能够用很长时间投入到一件事情当中去时，这才是他们心智发展的契机，这才是他们真正的喜好。

对父母来说孩子痴迷的是“歪门邪道”，可对于孩子来说却是他们的兴趣所在。

不要强迫孩子，给孩子宽松的环境

很多父母喜欢用自己准备好的模式去套孩子，他们干预孩子的学习、干预孩子的兴趣、干预孩子的生活等，总是想法设法把孩子控制在自己给孩子制定的模式内，让孩子在规定的范围内施展才华和天赋。这是多么荒唐的想法，只会让孩子把大量时间浪费在他们不想学习的内容上。最终，父母给孩子的结果只有一个——孩子拿着还算过得去的平均成绩，生活倾向于平庸。

父母应该给孩子一个宽松的环境，让孩子能够在这个宽松的环境中尽情发展自己的心智，展露自己的才华。如果孩子能独立决定自己学习的内容，他们将表现出惊人的学习能力。

作为天生的发现者，孩子具有惊人的好奇心，不断尝试与犯错是他们认识世界最好的方法之一。他们越多地获得自己解决问题的经验，就越是充满勇气。如果父母能够与他们一起并在解决问题后进行鼓励与肯定，他们就会更加自信，并相信自己有能力解决问题，并且还能给他人带去快乐。

不断强化孩子的兴趣，并转化为特长

当父母发现孩子的兴趣后，一定要学会帮助孩子及时强化。

孩子喜欢绘画，家长可以带孩子去看不同的画展，带孩子观察不同风格的绘画作品，鼓励孩子动手自己画，认真收藏孩子的作品，时不时拿出来浏览欣赏，这无疑是父母对孩子兴趣最大的赞美与支持。

孩子喜欢唱歌，家长可以让孩子听听不同类型的音乐，让他自己歌唱，并肯定和表扬他的音乐才能。

孩子喜欢写作，家长可以带孩子体验不同的生活场景，带孩子多出去旅游，开阔孩子的视野。还要为孩子准备一个好的写字台，一个精致的书柜，书柜里放置一些孩子喜欢的书籍，如各类名著、经典作品，供孩子阅读。

孩子喜欢动植物，家长可以经常带孩子到大自然中观察各种各样的动植物，给他们提供更多的观察道具与观察方法，教他们发现问题后如何到书本中寻找答案。

……

在家长的帮助下，孩子的兴趣会得到进一步的强化，孩子才能充分发挥出自己的潜能，将自己的兴趣转化为特长。

用兴趣点燃孩子的知识库

每个孩子都有自己的兴趣爱好，并且这些兴趣爱好总是千奇百怪。孩子的每种兴趣对于他们学习知识而言都是有价值的，聪明的父母会用这些兴趣点燃孩子学习的激情，引导他们去快乐地学习知识，培养孩子良好的求知习惯，教孩子一步一步打开知识的宝库。

打开孩子的好奇之门

好奇是孩子的天性，也是孩子学习兴趣的源泉。日常生活中，孩子看到自己不熟悉或不了解的事物时，总喜欢问“是什么，为什么”。这时候，父母一定要耐心地用通俗易懂的语言回答孩子的问题，或者引导孩子通过观察、看书自己去寻找答案。

父母应尊重、保护并引导孩子的好奇心，激发孩子的学习兴趣。孩子有了好奇心就会主动思考，并且想办法找到答案。好奇心除了激发孩子的主动性之外，还能提升孩子的学习能力。

兴趣没有“无用”与“有用”之分

尽管家长已经知道兴趣对孩子学习的重要性，但却总是斥责孩子那些看起来对将来“无用”的兴趣。希望孩子的兴趣与学校的教学活动紧密相连。其实，对于孩子的心智成长来说，兴趣是没有“无用”与“有用”之分的。

每个孩子都有自己的独特性，他们兴趣各异，有时候恰恰是这些无用的兴趣更能够激发孩子学习的兴趣，就像那些植物学家、动物学家、天文学家，他们感兴趣的是植物、动物、天体，这在父母看来与书本无关，就是“无用”的兴趣，而他们却凭这些“无用”的兴趣，成就了自我。

有家长的陪伴，孩子学习的兴趣会更浓厚

很多家长认为自己撒手不管，孩子自动自发学习，才是最高境界，其实如果家长能够参与孩子的兴趣，陪伴孩子一起探索未知的领域，面对难题时鼓励孩子积极想办法，解决困难后陪孩子一起高兴，那么孩子的自信心就会倍增，学习兴趣也会更浓厚。

家长如果对孩子的兴趣引导操之过急，给孩子的期望与压力过大，兴

趣就会变成孩子的负担，孩子就会产生厌恶心理。我们要慢慢引导，逐步培养，在潜移默化中让兴趣变成孩子学习的动力。

我们经常看到这样的场景：妈妈牵着孩子的手，一边走一边念儿歌；爸爸背着孩子，一边散步一边背诵朗朗上口的古诗，孩子也跟着一句一句认真学……这才是聪明父母的做法，当孩子学不会的时候，我们保持耐心，不断重复，直到教会为止。一旦孩子尝到成功的甜头，他们就会有动力与兴趣去掌握更多的知识。

兴趣打开孩子的自信之门

我们都知道学习并不是件容易的事情，光凭兴趣还不足以维持，父母还应该给孩子一点成就感，助孩子打开他的自信之门。

孩子学习某个知识之后，是不是真的听懂并掌握了呢？为了避免孩子遇到问题时还是不会处理而备受打击，怀疑自己的能力，我们不妨给孩子多安排一些模拟测试。比如，当父母陪孩子学习了安全知识之后，我们可以假装自己是陌生人，和孩子说话，或者模仿陌生人敲门等，看孩子如何应对。让孩子在游戏与玩耍中得到体验与实践，可以帮助孩子真正掌握新学的知识，建立起自信。

必要的时候，父母还可以鼓励孩子独自去完成一些事情。比如，鼓励孩子自己洗衣服，完成挂衣、晾衣的整个过程；鼓励孩子自己去上学，父母可以跟在后面，让孩子把我们当成透明人就可以了。当孩子一次次独立完成一些事情的时候，他们的自信心就会一点点积累起来，他们就会变得更自信，也会对习得的新知识越来越有兴趣。

Kindergarten

第七章

知识很重要，学习方法更重要

法国物理学家朗之万说：“方法的得当与否往往会主宰整个读书过程，它能将你拖到成功的彼岸，也能将你拉入失败的深谷。”可见学习方法对于孩子来说有多重要。

3～6岁同龄孩子的智商都差不多，学习方法的好坏很大程度上是孩子成绩高低的重要因素。只有早早教给孩子一些好的学习方法，才能让他在众多孩子中脱颖而出。

幼儿识字，简单易行的方法

不少朋友向我抱怨，孩子识字不多，学习压力大。教育孩子识字，对于家长来说成了一件十分困难的事情。提到识字，大多孩子容易觉得枯燥乏味，家长也经常是两眼一抹黑不得其法，除了逼孩子死记硬背，还是逼孩子死记硬背。

其实教幼儿识字并不难，幼儿园阶段的孩子的记忆力非常好，家长只要掌握正确的方法，一切都会变得简单易行。方法的核心就是：孩子识字，不要求一遍记住，也不需要反复认读，只需要让孩子有印象就可以了。这样孩子在认字的时候就没有心理负担，就会在不知不觉中认识更多的字，最终达到自主阅读的效果。

图片识字法

3 ～ 4 岁的孩子对图片刺激非常敏感，这时期的孩子如果刚刚开始学习认字，家长可以通过图片来帮助孩子启蒙。

家长要帮孩子选择一面是字一面是图片的卡片，而不要选择字与图片在同一面的卡片，也不要选择只有文字的卡片。

很早之前，我教女儿云云识字的时候，准备的书籍都是图片与文字在同一面，孩子看完文字再看图片，然后产生印象，我发现孩子对图片更有兴趣，我的识字课变成了图片展览，变成了孩子看图猜字，效果并不理想，最后不得不放弃。

后来我又买了只有字没有图的卡片，可想而知，孩子学起来枯燥乏味，不符合幼儿的形象认知特点。每一次云云都学得很不情愿，坚持不到一周，我们又放弃了。

最后，我发现一面有图、一面有字的卡片非常好用，我把当天要学习的识字卡片递到女儿手上，她根据图片猜了一遍字，说错的我及时帮她纠正。到最后，基本不需要我指导，看到不认识的字，云云就会翻过去看图片，然后再读这个字。反复多次之后，云云可以不看图就认识这个字了。

值得一提的是：我们可以为孩子准备一个打孔机，孩子学会的字，家长就教他打孔，用一条绳子穿起来。看着穿起来的卡片越来越多，孩子会变得很有成就感，越来越愿意认识更多的字。家长只需要把握已经认识的字，每隔 3 天或 7 天，甚至更长的时间，可以让孩子再复习一遍。如果孩子又忘记了一部分字，家长千万不要批评孩子，以免打击了他的自信，而是要鼓励他以后多多复习，多翻看翻看，这样就能记牢了。

阅读儿歌识字法

家长可以通过图片识字，帮孩子积累常用的汉字，但是这些字还不足以让孩子达到自主阅读的水平。解决这个问题的最好方法就是带孩子读儿歌。在读儿歌的过程中，既运用了学过的字，又在儿歌中认识了新的字。

阅读儿歌识字的时候，家长不要刻意地让孩子认字，不要读读停停，也不要给孩子讲字的意义，孩子自己可以放在儿歌中去理解。每次陪云云读儿歌，我都是带着她读几遍，然后让她自己读，读到不会的地方，我就帮她读出来，再让她顺着我的读音继续读下去，这样她在读儿歌的过程中就没有识字的感觉。

家长可能会担心孩子记不住儿歌中的字，即使孩子刚开始记不住也没关系，那是因为他对这些字还不够熟练，慢慢孩子记住了儿歌，然后点着一遍一遍读给家长听，孩子读得朗朗上口，一点儿也不觉得辛苦，慢慢就背下了这首儿歌，通过多次见到这些儿歌中的字，也便记住了这些字。

几种错误的识字方法

解释识字法：有些家长认为孩子小，每教给孩子一个字，就详细解释这个字的意思。例如："照相机"，家长就会告诉孩子照相机可以照照片，照片可以做成相册，留下我们的记忆，等等。教的词语多了，孩子要接触的概念太多，就会混乱，觉得茫然。

重复识字法：我们都知道记忆的过程需要反复，有些家长指着一个字不断地教孩子，反复地教，重复无数遍。孩子很有可能会觉得无比枯燥而拒绝学习识字。家长理解得没有错，识字是一个反复的过程，如果我们让这些字在不同的儿歌中出现，孩子就不会觉得反感了。

比喻识字法：有些家长为了让孩子更形象地记住这些字，于是照着书本念或者根据自己的常识给孩子打比方。例如：把"7"比喻成"镰刀"。孩子根本不知道"镰刀"是什么，他们见都没见过，这种比喻不仅帮不到孩子，还会给孩子增添负担。如果家长要比喻也要挑孩子熟知的东西来比喻，不能信口开河，随手拈来。另外家长比喻多了，孩子全盘接受了，很有可能他记住的是你的比喻而不是这个字，那样孩子的记忆规则也会混乱不堪，从而达不到有效识字的目的。

在家培养孩子的算术能力，就这么简单

孩子在幼儿时期会对数字特别感兴趣，不过刚开始他们并不知道“1，2，3，……”这些数字到底是什么意义，只是觉得好玩，或者死记硬背了幼儿园老师教他们的内容。

我女儿云云 4 岁在幼儿园接触数字的时候，她很快通过掰手指学会了计算 10 以内的加减法，可是对这些数字代表的意义并不清楚。这个发现缘于我拿出一些铅笔让她代替手指来计算，她却说：“我不知道啊，我不知道啊！”我在家长群里看到很多家长说：“我反复教孩子怎么计算，怎么她就是不会算呢？每次都问我们答案，怎么办？”我更加确信了这时期孩子可能根本不知道数字是什么，只是觉得好玩，他们只是记住了这些数字，知道“1 像铅笔细又长，2 像鸭子嘎嘎嘎，3 像耳朵把话听，4 像红旗迎风飘……”。

我们都知道，一门知识只有帮助孩子理解，才能更好地让其掌握。我们其实只要对孩子稍加训练并伴以游戏，就能帮他更好地理解数字背后的含义，让他知道数学的重要，从而对数学产生兴趣。

把数字说出来“1，2，3，……”

玩游戏的时候，捉迷藏时，可以捂住眼睛，告诉孩子数 10 个数字，就可以去找爸爸了，让孩子同你一起数“1，2，3，……10”。有时候孩子可能认为这些数字就是顺序，并不理解这是什么，只是把这个顺序记住，不打乱而已。

吃糖果的时候，我们可以一颗一颗递给孩子，一边给他一边数：“1 颗，2 颗，3 颗，……一共是 6 颗！”

上下台阶的时候，每走一个台阶都可以数出来。“1，2，3，……”让

孩子跟着你一起每走一个台阶就数一个数字，即使孩子一时半会儿不明白，他也会跟着你一起数，日后慢慢就明白了。

吃枣子、吃小点心的时候，我们要给家人分配，就可以告诉孩子："奶奶 2 个，爸爸 2 个，妈妈 2 个，你 1 个，一共就是 7 个。"孩子体验的次数多了，慢慢就会明白"1，2，3，……"所代表的含义。

让孩子实际数一些东西

孩子知道从 1 数到 10 之后，我们可以让他实际去数一些东西，让他把数字与事物的个数联系起来。

吃饭的时候，可以让孩子去拿筷子，让他分配一下，每人两根筷子，总共多少根，有时候还可以变换数数方式，让他以 1 双为单位数数。吃蛋糕的时候，可以让孩子分配叉子与盘子，也让他数数。坐车外出时，路上有几根电线杆，堵车的时候可以让孩子数数附近的树有多少棵，去超市买多少个苹果、多少个梨，等等。

只要日常生活中有这样的事情都可以让孩子去数，当孩子不断去数排列在一起的东西，重复做这样的事情时，他慢慢就会自己数数了。这些都可以培养孩子对算术的兴趣。

比较长短 、厚薄、高矮、大小、多少，这也是算术的基础

3 ～ 6 岁的孩子喜欢比较事物，可能吃东西的时候会选择更多不一样的东西。这也证明孩子开始了复杂的思考，生活中我们也可以多多训练孩子，加深他对这些概念的理解，如"请帮我把最大的那个苹果拿出来！""这个衣架太大了，我们选小的衣架晒你的衣服吧！""爸爸高妈妈矮，小宝贝更矮。"等等。

教孩子一些量词，方便他精确地表达

我们在数苹果的时候，可以带上量词“1个，2个，3个，……”，数铅笔的时候“1支，2支，3支，……”，数猫狗“1只，2只，3只，……”等等，让孩子理解数不同的东西的时候，用不同的量词，从广义上说这也是属于算术的能力。

另外，还有认识不同形状，懂得一些常用的计量单位，如“公斤、斤、公升、瓶等等”。喝牛奶、称体重、买沐浴露的时候，随便说说，孩子就能在日积月累中，毫不费力学会这些算术的基础知识。

家长懂得把握机会，尽可能多陪孩子一起玩这些数数游戏，慢慢就能培养出孩子的算术头脑，入学后，孩子的算术自然不会太差。

家长怎样陪孩子写作业

孩子一般到4岁左右，幼儿园大班就会陆续有家庭作业要做，很多家长便正式开启陪孩子写作业的模式。很多喊累的，埋怨耽误时间的，也有提前教孩子的，还有替孩子复习的。总之，家长不能闲着，似乎闲着的都是不负责任的家长。这样的做法，一直坚持到孩子读小学、初中、高中……想想都累。

更悲惨的是，累过之后，很多家长还反映戏并不好看，孩子的成绩并不理想，并且孩子变得越来越拖拉，好像写作业成了家长的事情。家长陪孩子写作业没有问题，问题在于家长的方法是否用对了。

1. 家长要让孩子知道写作业是他自己的事，而不是家长的事

有的家长，只要孩子一回到家就盯着孩子让他写作业，甚至一直跟在身边看，好像这是自己的一项工作。有时候家长因为有事要忙没提醒孩子写作业，孩子很可能就完不成作业了。到家长想起来，又开始催，孩子才开始写，这时候家长往往忍不住感慨："我们家孩子一点儿也不自觉，我叫一下他动一下，我不管，他就不写作业！"为什么会这样，难道家长朋友们不应该好好反省一下自己吗？

侄儿与我们一起生活，刚开始写作业也是奶奶一直在催，后来是我管理他的学习。我对他说："你是学生，写作业是你的事，你写完之后，有问题就找我，没问题就自己放进书包。"他觉得很诧异，刚开始几天，到了很晚要睡觉才想起要写作业，爬起来，赶紧心急火燎地写完再睡觉。后来，我给他建议："如果你饭前能完成作业，饭后的时间全是你的，尽情玩耍，不用想着有件事没做，弄到要睡觉了再去赶，多累啊；写不好，老师还要批评，不合算。"他想想觉得也是，就自己决定把作业安排在晚餐前写完或者晚饭后半小时内写完。遇到不会的，他会恭恭敬敬拿到我面前，问我怎么解答。

家长要记住，写作业的事情你不能太热心，这本来就是孩子的事，你太紧张，跟得太紧，太热心了，孩子就误以为这是你的事，而不关他的事了，好像是在替你写作业，你不催他不写，你催他就写，反正他也不会落下，也不会受到老师的惩罚。

2. 给孩子一个安静写作业的环境

我不赞成有些家长在旁边打麻将，让孩子在眼皮底下写作业的做法，也不赞成只要孩子愿意写作业，随便他怎么写都行的做法，特别是一边看电视一边写作业，或者一边吃零食一边写作业。

给孩子一个独立的写作业空间，准备一个符合他身高的写字台，每天固定时间，让他自主解决作业，慢慢养成习惯，就再也不用家长操心跟进了。

3. 陪孩子写作业，重点在于想办法让孩子理解

有些家长每天给孩子讲解答案，孩子仍然不知道怎么写，到了下一次遇到类似的问题还是问家长。家长可以教孩子一些不错的学习方法，帮助孩子提升学习效率。

云云刚开始学数学的时候，各种茫然。我把她的水彩笔拿出来摆在前面，然后一根一根数给她看，让她知道数学的意义。后来，她发现许多小朋友都会用手指数数，这个方法更方便，随时随地都能用上，我觉得也挺好。我时不时会提醒云云，你看看这些数字，有什么规律。很多次，她都没有反应，突然某一天，她惊喜地告诉我："妈妈，我能从 1 数到 100 了。"然后她就流利地数给我听了。我问她怎么做到的，她告诉我："我发现它们之间其实是有一个顺序的。"我明白，她已经成功找到规律了。

是的，与其让孩子发奋苦学，不如教孩子一些规律，或者引导他去发现规律，数字的规律、记忆的规律、学科之间的联系等等，都是对孩子以后的学习十分有用的。

4. 不要打断孩子写作业，写完再检查

有些家长一直盯着孩子写作业，孩子写错一个字，赶紧递橡皮让他改正；算错一个数，又是指责，又是提示的，弄得孩子十分紧张。这样写作业的效率会变得越来越低下，家长也会耗费很多时间，并且孩子对学习的兴趣与积极性也会在家长一次又一次的指责中被打击得七零八落。何苦呢？

孩子写作业时，家长可以大概估计一个完成的时间，让他自己慢慢写，家长可以在旁边安静地看书看报，或者走开一会儿也行。等孩子写完了，再替他复查一遍就可以了。孩子有不会的，家长也要保持良好的态度给予指导，与孩子沟通，而不是责骂。

其实幼儿园阶段老师布置的家庭作业并不难，是对当天学习内容的巩固与复习，孩子只要上课认真听讲，是不难完成这些作业的，根本不需要家长的陪伴与讲解。

从幼儿园开始，家长就不要陪伴

读幼儿园大班的云云第一次拿到作业，非常兴奋，埋头就写起来。我走过去看了看，她在写笔顺。虽然有的地方写得不太好，甚至写在田字格的位置也没写正确，我都忍住没有说，只需要鼓励她自己写，其他都不重要，慢慢她自己会发现并写好的。孩子的爸爸曾经点拨过几次，弄得云云十分沮丧，我赶紧劝他以后不要再指指点点了。

后来，云云遇到有些难写的笔顺或者自己不太清楚如何才能写好的，就会问我们。我与孩子爸爸总是快速讲解一两个就走开了，剩下的让孩子自己慢慢写。

就这样一年多下来，云云每天回到家里，第一件事情就是写作业。有时候有很喜欢玩的活动，她会问我："妈妈，我能不能晚一点儿再写作业？"周末的时候，比如周五晚上她想痛快玩一会儿，也会问我："妈妈，我今晚先玩游戏，明天再写作业好吗？"每当面临这样的问题，我就会对她说："当然可以呀！这是你自己的事情，你自己安排好就行！"我们应给予孩子信任与自由，孩子也会明白这是自己的责任，每次都非常用心地完成作业，从没有落下一次。

做完作业，让孩子养成快速检查一遍的好习惯

有些题目孩子明明会做，考试时却总是粗心答错，孩子为什么这么马

虎呢？究其根本，还在于家长平时没有让孩子养成做完作业检查一遍的好习惯。许多家长自己代劳了这个环节，可是孩子考试又不能带家长参加，他们还是不习惯检查，于是就有漏洞百出的情况，到处丢分。

侄儿图图就是一个从不检查作业的孩子，每次考试总要丢一两分，有时候是没看清题目就答题了，有时候是看错加减号，有时候甚至是漏答了题。有一次我为了鼓励他，就对他说："如果这次考试，你答完题之后，认真检查一遍再交卷，不管考试结果如何，我都带你去游乐场玩！"结果那次考试他就得了双百分。

检查作业要额外花费一些时间，孩子可能不太愿意，家长可以教他们一些快速检查的技巧，例如，哪些地方不用检查，哪些出错概率比较高，一定要仔细复查一遍。

孩子遇到难题，家长要怎么做才对孩子有帮助

孩子独立完成作业时，总会遇到难题。这时候孩子肯定会找家长帮忙，此时家长的态度，决定了孩子以后面对难题的态度。如果家长轻易地帮孩子解决了难题，孩子在学习上就会产生依赖心理，而且还会有无数的下一次。

家长一定要让孩子知道，解决难题是孩子自己的事情，他必须学会自己解决。首先家长可以鼓励孩子多看看教材和以前的题目，自己寻找答案。孩子的很多问题在这一关基本都能得到解决。如果孩子仍旧不会，家长可以教孩子一些解题的思路，当孩子做出了这道难题时。家长可以给孩子再出几道类似的题目，看看孩子是否真的已经掌握。

遇到错题，只给提示，不指出

家长要引导孩子自主完成作业，并不代表对孩子的作业不闻不问。我

们的任务是检查孩子完成作业的字迹及完成率，如果发现错题，切记不要直接指出来，而是给孩子一些提示，让他自己找出来并更正。当孩子的作业完成质量比较高时，家长要及时赞美孩子的认真、细心，这样孩子就会很有成就感，下次做作业就能更认真、更细心。

自学同上课一样重要，培养孩子的自学能力

教育的目的除了传授学生知识，严格来说还要教会孩子如何学习，即孩子的自学能力。较强的自学能力会大大促进孩子学习的兴趣和学习能力的开发。这种优势越到高年级，越到钻研高深的知识难点，作用就越明显。

许多孩子到了小学三年级，或者到了初中，又或者到了高中，学习成绩便大幅度下降，家长觉得很不可思议，也感到十分苦闷，究其根本还是孩子的自学能力不行。那么，家长要如何从小培养孩子的自学能力呢？我们不妨从孩子幼儿园阶段开始，从以下几个方面培养。

让孩子事先了解全貌，做到心中有谱

平常我陪云云的时间很多，我又在自学英语，于是想着也让她陪我一起学习。云云却一口回绝我说：“妈妈，我还小，现在是玩的时候，等我读小学了再学英语吧！”我笑着对她说：“小宝贝，你要这么说，那人家英国的孩子、美国的孩子还不是从小开始学的呀！我们就像玩游戏一样学点儿基本的日常用语，哪天要是出国旅游了，你碰到外国的小朋友，就不会变成哑巴呀，你说是不是？”

云云思考片刻之后答应了下来。我们开始慢慢学习用英语打招呼、请求帮助、购物、谈论天气等等。当这些基础的对话有了一些眉目之后，我又开始教她一些基础的单词，像星期、月份、数字等，并且告诉她："云云，我们学习的这些只是英语的入门知识，往后等你积累得多了，如果你还有兴趣，我们还可以学更复杂的句子、更专业的单词、除了可以用英语交流，还可以用英语写作，那就相当帅了。"云云乐呵呵地纠正我："妈妈，我是女生，不能说帅，要说 beautiful（美）!"

在我陪云云练习英语的时候，我都会提前告诉她所学内容的难易程度，大概要坚持学多少天，才能达到什么样的效果，等等。这样，云云就能做到心中有数了。比如，我们在练习星期一到星期日相关的 7 个单词，还有 12 个月份的单词时，我给她定的时间是，每周学三次，每天念两遍，一个月记下来，达到能够流利说出来的程度。刚开始时，云云的口型和舌位不对，总是发不出正确的音，发音就练习了几天便想要放弃。她觉得枯燥的时候，我就告诉她："不要急，这个星期的任务就是练口型和舌位，把我们的嘴巴和舌头练习得喜欢英语，然后我们学习起来就会感觉轻松多了。"事实上，云云只用了半个月时间，就能非常流利地说出我要求她记住的 19 个单词了。

不投入不成气候，谁都可以自学成才

不管孩子自学什么，家长都要尽可能从孩子感兴趣的领域或书籍入手，让孩子可以集中所有的注意力去学习，当孩子非常专注于他学习的内容时，他就很容易更快速地掌握他要自学的这门知识。

很多家长都会认为，科普读物对幼儿园的孩子来说太晦涩，不容易引发兴趣。而云云却酷爱科普读物，并且从这些科普读物中学习到了大量知识，有些冷门知识甚至连成年人都未必知道。

引导云云爱上科普读物对于我来说是一件非常简单的事情。因为我知道她喜欢小动物，特别是猫、狗、鲨鱼等。刚开始时，我就精心挑选针对这些动物的科普读物。例如，我们曾读过一套13本动物决战系列书籍《猜猜谁会赢》，每一本都详细描述了两种动物的长相、特长、生活习性等科普知识。云云很多时候都可以根据作者提供的这些科普知识展开想象，猜到最终的结局，有些结局不令她满意，她还会自己编一个结局，让她喜欢的动物可以获得最终的胜利。

有了这些动物类的科普书籍开路，我又陆续拓展到其他的科普书籍，如《神奇校车》这样厚厚的一本书，其中讲述的科普知识非常丰富。每次我们读这样的书时，云云都非常专注，读完书后，她还会提出许多问题，我一一解答，听完后她一副心满意足的样子。

我知道，云云已经爱上了科普书籍，我没时间给她读书的时候，她会自己在书柜里找出《十万个为什么》，翻看书中的图片，还会不断地向我提问，然而很多时候她自己已经知道了答案，当问得我们哑口无言时，她再一脸得意地公布她学来的新知识。

活用图书馆这座知识宝藏

每当别人问我想自学什么东西、怎么开始时，我就会告诉他去图书馆。对方总是一副嫌弃的样子说："现在什么问题都可以在互联网上查到，什么知识都可以在互联网上学习，用不着跑图书馆了。"是不是真的如此呢？我可以肯定地告诉你：不是！图书馆里的知识远比网络上的知识更系统、更全面、更严谨，既然我们没有老师指导，为什么我们不能对自己负责，尽可能学习更正确、更全面的知识，在这个基础上提升自己的能力，建立自己的观点，得到自己的结论呢？

不管你们居住的地方是哪里，尽快了解一下附近的图书馆吧，多带孩子去泡泡图书馆，去那里才能掌握更多的知识。

最后，家长要教孩子学会质疑，不论是多么厉害的人物，不论是多么伟大的科学家，他们也都有自己知识的局限性，也有自己了解不到的时候，他们说的话，他们写的书也有可能出现失误。自学的途中，只有自己心中有一杆秤，尽量全面掌握知识，才能更全面地看问题，得出更正确的结论。

别让糖衣毁了孩子学习的“内在动力”

许多家长为了激励孩子努力学习，或者好好表现，喜欢设置一些外在的奖励。这种奖励有可能是孩子喜欢的零食，也有可能是孩子渴望的玩具，还有可能是直接以金钱作为奖励。这种方法到底可不可取呢？

许多教育心理学实验结果表明：外在的奖励就像糖衣炮弹，会侵蚀孩子的“内在动机”，让孩子把学习与表现变成工作。

“内在动机”与“外在动机”的区别

“内在动机”特指内在事物或活动本身，也就是说学习者认为所学的事物或活动本身就是目的，觉得这些事物或活动本身有趣味、有意义、有价值、带来挑战与成就感等。例如，学习者虽然觉得学习的过程很困难但想挑战，虽然辛苦但很有趣，虽然会失败但有成就感，虽然无趣但渴望知识，这就是拥有高度内在动机，是学习的最高境界。

“外在动机”则表示事物与活动本身不是目的，学习者觉得所学的事物与活动本身没有趣味、意义或价值，只是把这些事物与活动当成工具，用来换取外在奖赏或避开外在惩罚。例如，学习者觉得学习过程辛苦而且无趣，尝试错误会带来惩罚，知识难学而且枯燥，却为了父母的面子或者获得父母给予的某些奖励依然坚持学习，这种学习动机是典型的外在动机。

我的一位朋友为了鼓励4岁的儿子辉辉学英语，他与辉辉约定，只要他坚持去培训机构上一节英语课，就可以获得10元零花钱作为奖励，并且这10元零花钱可以任由他买自己喜欢的东西。这种激励方式刚开始效果非常明显，辉辉兴高采烈地去了培训班。就在朋友暗暗得意，以为找对方法的时候，有一天辉辉却向我的朋友宣告："今天我没有什么想要买的东西，所以，英语课我就不去了。"朋友听到这话不禁哑然。

朋友使用"奖励零花钱"的方式为孩子制造了学习英语的"外在动机"，只能临时起到作用。当孩子不需要"零花钱"的时候，他自然也失去了学习的兴趣。所以说，这种兴趣是不能持久的。

家长要帮助孩子，促成"心流"经验

美国著名的心理学家米哈里·契克森米哈赖发现：人们对不同领域的活动有不同的沉迷，但是在描述处在活动中的满足感受却是相似的。

科学家在做实验时，完全失去了时间的概念，没有过去、未来，只要投入当下的实验；作家在写作剧本时，一坐就是三四个小时，浑然不知周围环境的变化；外科医生在动手术时，专注投入开刀，无论手术多么长时间，也不会感到疲累，甚至没察觉到自己身体的存在；下棋高手形容自己在对弈的高度关注时说道："就算屋顶塌下来，我大概也不会觉察。"

契克森米哈赖把上述这种心理状态称之为"心流"，它的特征是：高度专注、行动与意识合一、自我意识消失、不会忧郁失败、时间感扭曲、经验本身自我酬赏。换句话说，行动者并不期待外界给予的评价和他人的奖励，他们的满足感来自于挑战性、克服困难、内在意义和立即反馈。拥有

心流经验的人，同时也会自然表现出专注、勤奋、兴奋、坚毅、不怕失败、挫折忍受力强等特质。

家长或学校总要求孩子学习、培养或模仿以上能力与行为，却不知为孩子创造心流经验的重要。可怜那些没有心流经验的孩子，只能悬梁刺股来强迫自己专注，这个过程很苦，有的孩子痛苦坚持，有的孩子毅然放弃，有的孩子叛逆回应。

所以说，给孩子创造心流经验是激发孩子内在动机的最佳途径。根据米哈里·契克森建议，当行动者所面临的任务、作业、学习或工作情景拥有下列三大条件时，可触发行动者产生心流经验：

1. 目标清楚可循。

2. 行动过后得到立即回馈。

3. 挑战与技能之间达成平衡。

云云读幼儿园期间，我与爱人都非常喜欢陪她玩各种游戏，在玩游戏的时候，有一点我们是非常注意的，那就是把握让她赢的概率。

云云刚学下五子棋的时候，总是不看自己的棋，一个劲儿地堵我的棋，所以输得很惨烈。我于是鼓励她说："爸爸下棋是高手，你去请教一些绝招回来，就可以把妈妈杀个片甲不留了！"她将信将疑地去找爸爸帮忙支着。云云的爸爸则认真教了她一些技巧。

很快，我们又进入新的战局，云云明显进步了，于是，我配合地悄悄放水，让她赢回了一局。她高兴得手舞足蹈，跑着跳着去给爸爸报喜。这给了她很大继续学习和挑战的动力。这样下了一个多月的五子棋，等云云的五子棋下得比较娴熟后，我们又开始教她下围棋，用同样的方法，取得了不错的效果。

此后，茶余饭后，我们时间多就下围棋，时间少就下五子棋。这样坚持下来，云云的棋艺不断提高，有时我与云云下棋，稍不注意就会输得一败涂地。

其实，几乎每个孩子都喜欢挑战，但是家长给他们安排的挑战不能太难，也不能太容易，成功率要掌握在 50% ～ 90% 之间。如果你的孩子刚学下棋，你同他比赛，每一次都打败他，孩子就会觉得很焦虑、有压力、没面子，很快就会失去兴趣。就算你再怎么激励他要有风度，要知道失败为成功之母，他也很难恢复其学习兴趣。反过来，你每局都败给他，他也会觉得很无聊，没有挑战性，很快也会失去兴趣。但是如果你有办法让孩子维持三局两胜的概率，孩子就会爱上下棋。

总之，在孩子学习的过程中，家长要把问题的难度同孩子解决问题的能力平衡，成功的概率最好不要少于一半，成败的信息要立即反馈；学习者最好自己选择目标，那就能根据成败信息来调整自己的目标，以提高成功概率，进而促发心流经验。当孩子有了内在动机与心流经验，就能终生学而不倦。

引导孩子踏上自主学习之路

家长管教孩子的最终目的都是想让孩子自己学会，教育孩子的最高目标是要让孩子自主自律，而不是让孩子依赖于你的管教，你一管就听，你一不管就随心所欲。要达到我们的目标，引导孩子踏上自主学习之路，我们就不能随便对孩子发号施令。

要让孩子觉得学习就像玩游戏一样有意思

很多人都觉得学习是件苦差事，包括家长骨子里也这么认为，天生爱玩的孩子，当然会变得更加抵触学习。家长首先要调整自己的意识，很多热爱学习、精心钻研的人，他们就会觉得学习有意思，越学越带劲，我们就要引领孩子像他们那样愉快、专注地学习。

家长一定不要使用强迫、恐吓、打骂的方式逼孩子学习，孩子喜欢玩游戏，我们可以稍微动点心思，把学习变成一场游戏。例如，为孩子准备一个小礼物，告诉他只要学完这些功课，这个神秘的小礼物就是他的了。我们可以事先描述一下这个小礼物，引发孩子最大的兴趣，孩子就能带着愉悦的心情去学习，学习的效果自然会很理想。家长不用担心这样会宠坏孩子，也不用担心每次这样玩要自己会很累，只要家长坚持一段时间，将孩子领进学习的大门，孩子就会发现学习的乐趣，家长再慢慢进行弱化，甚至撤掉游戏环节。

把握孩子每天学习的量

孩子已经掌握的内容，家长要尽量让孩子自己完成，我们只教不会的，并且只是简单教，不要过多解释说明，教的内容越简单，孩子就越容易学会，这样的学习没有压力，只有成就感，孩子自然愿意每天学习。

“一句话”或“一个词”管教孩子

在孩子还没有形成良好学习习惯时，他会时不时做出一些唱反调的动作，家长要事先与孩子约法三章，例如，我要求女儿云云每天看 5 集《智象识字》节目，这是与她讨论后，她认为可以集中精神看的量。有时候云云光顾看动画片，忘记了这件事情，我就会用“一个词”来管教她，那就是“智象”，云云就会识相地暂停电视节目，开始收看识字课。

很多家长都管不住自己的嘴巴，看到孩子犯错或者没有遵守规定时，就会开始叽叽歪歪开批斗大会，长篇大论地教训孩子。细心的家长一定有发现，孩子根本不买我们的账，并且明里暗里十分讨厌我们的苦口婆心。聪明的家长以后要记住了，我们只需要“一个词”解决的问题，就不要用“一句话”，最多也就“一句话”提示孩子，孩子就会明白怎么办了，没必要弄得气氛紧张，大家都不高兴。

当家长用“一句话”或“一个词”帮孩子建立良好行为后，就不需要去管孩子了。孩子好的行为一旦建立，就会本能地去重复好的行为。如果偶尔孩子没有重复好的行为，家长只需要用表情或动作提示一下，孩子就不由自主按你的要求去做了，渐渐连提示也不需要了。

给孩子机会自主学习

有的家长一遍又一遍地教孩子读课本，也不管孩子哪里会，哪里不会，通通教一遍，我们想着会的当复习，不会的当学习。可是这样学习的效果并不好，远不如给孩子自主学习的机会好。

家长在教孩子时，要一边引导孩子自主学习，一边提示孩子不会的知识内容。例如，家长教孩子读儿歌时，教了几遍之后，孩子有些内容已经记住了，有些内容还没有记住。家长可以引导孩子自己读儿歌，我们在旁边看，看到孩子读到某处有停顿的迹象，说明孩子还不认识这个字，我们及时帮孩子读出这个字，孩子就会接着往下读。

快乐的学习工具

孩子天生都爱玩，而学习恰恰又是枯燥乏味的，这就造成了很多孩子厌恶学习。家长希望孩子看书，孩子才翻两三面就烦了，不是看看这个，就是玩玩那个。家长希望孩子学英语，刚开始孩子还觉得蛮有意思的，可是过了一些日子后，孩子死活都不想学了，看到单词就头疼。

孩子有这样的表现，不是因为他们不够专注，也不是因为他们没耐心，而是因为学习的枯燥让他们感到心烦，学习的困难让他们退缩了。

父母想要孩子自主地学习，就需要帮助他们找到一种轻松的学习方法，这样他们就会对学习有兴趣了。家长们不妨借鉴下面的几个方法：

知识风铃

刚开始我让云云学识字，直接拿着卡片给她看，第一天她还勉强看了几个字，到第二天她就不乐意了，只是一个劲儿地拿着卡片玩，再也不愿意认真看一眼卡片上的字。嘴里还嚷嚷："妈妈，识字一点儿也不好玩啊！"

我是看到云云从学校带回来一些英语单词卡片，打了孔，老师还让家长穿起来，云云提着这些卡片觉得很有成就感的样子。我于是也学着老师的样子，赶紧从文具店买回来一个打孔机，把云云认识的汉字打孔穿上，这样她的兴趣就大多了。

偶然的机会，我从育儿书中发现了一种更好的玩法——把孩子不认识的字做成风铃挂起来。这些风铃由一些写满汉字或英文单词的小木片与小铜管挂在一起。孩子房间、大厅、走廊、阳台都可以挂。刚开始的时候，我们可以写一些与悬挂地方有关的字或单词，等孩子认识后，再扩展到生活中、学校里孩子能够接触到的内容，如花、草、玩具、衣服、鞋子等。孩子一边玩风铃的时候，我们就可以一边教他认识上面的字，随着美妙声音的发出，孩子记住的汉字与单词也会越来越多。

综合能力地图纸

家长陪孩子每到一个地方，都可以同孩子玩这个游戏，让他仔细观察经过的路上都有一些什么店铺，大的建筑，回到家再根据回忆把它们绘制成地图。

孩子通过画地图可以锻炼观察能力、方向感、空间感以及记忆能力等综合素质，这对孩子的将来都好处多多。

家长在引导孩子画地图的时候要注意，也许刚开始孩子站在自己视角画的图纸无人能看得懂，家长一定不能泼冷水，比如，“你画的是什么啊，看都看不懂。”“一点儿也不像啊，那么大的超市你都没画，好好的公园变成了一个滑梯……”如果你这么指责孩子，那咱们的游戏就玩不下去了。家长要指出孩子画得好的地方，我们可以说“太好了，有了这张地图，我们再到这个地方就不会迷路了。”然后可以提问：“我想去大超市，它在哪儿呢？”或者“要滑滑梯是去这个公园吧，看来你最喜欢公园里的滑梯呀！”如果家长这样说，孩子下次就会画得更形象，等孩子会写字了，还可以进行一些文字说明就更完美了。孩子每画完一幅地图，家长都可以将它收藏起来，到时候装订成厚厚的地图册，作为孩子成长的礼物送给他，也是很有意义与价值的哦！

克隆大自然

茶余饭后，带孩子走进大自然，散散步，呼吸一下新鲜空气，大人可以解压，孩子也玩得高兴。回来的路上，家长可以带回去一些大自然的礼物，可以是一片树叶，也可以是一颗种子，或者是一片花瓣，等等。

回到家后，我们可以与孩子玩个游戏，名字叫克隆大自然。我们可以告诉孩子：如果我们什么也不做，这些带回来的大自然宝贝过几天就坏掉了，就要扔了。我们现在要开始我们的克隆大行动。有两种选择：如果孩子还小，家长可以让孩子试着将这个东西画下来；如果孩子有了一定的表达能力了，我们可以让孩子讲一个故事，或者描述一下这个物品，然后写下来。我们可以鼓励孩子说“赶紧写下来吧，你在哪儿采到的、你的心情、它的形状、气味等等，免得哪一天你介绍给朋友的时候自己都忘记了哟！”

通过这个游戏，家长可以锻炼孩子的观察能力、表达能力及写作能力。这样的游戏与活动还有很多，不论孩子学习什么，只要父母多花些心思，多帮助孩子制作一些学习的玩具，让孩子学习起来更轻松、更愉悦一些，孩子就会自动迷上学习。

别让孩子的学习走捷径

云云从幼儿园回到家就拿出作业本认真地写起来，老师要求写一面作业，她写了两面。不看不知道，一看吓一跳。本来是写“大”字，写着写着中间居然出现了“土”字。我很想马上指出来给她看，可是云云满脸渴望地对我说：“妈妈，你看我好乖，一回来就写这么多作业。”我一直忍啊忍，硬是忍住了没评价，而是直接表扬了她的自觉性，我对她说：“不错，很自觉，学习就是自己的事，你做得好！”

第二天，云云从幼儿园回来，变得更忙碌了，一会儿写作业，一会儿画图，一会儿做智力开发题，一会儿又读绘本，从吃过晚饭，一直忙到晚上 10 点钟还不肯睡。我问她："云云，你今天这么忙碌在做什么呢？"她头也不抬，一边写一边对我说："妈妈，老师说我学习很努力呢！我一直在学习。你说是不是？"我又问她："嗯。宝宝是不断在学习，你能告诉妈妈，你学到了什么吗？"她停笔想了一会儿，摇摇头，又认真看着我说："不知道！"我知道孩子这样的学习方式不对，可又不好说什么，以免打击了孩子的积极性。我只是肯定了她的勤奋，然后让她睡觉了。

孩子非常爱表现，她们愿意尽自己最大的努力去获得老师的赞扬与家长的肯定，哪怕是每天忙得不可开交，忍受一定的枯燥与孤独也在所不惜。我知道此时我不能直接批评她，我在等个合适的机会去和她沟通。

那天，我带云云去了游乐场玩，我告诉她："宝贝，我们的卡每天只能玩 3 个项目，你觉得哪 3 个项目好玩呢？"她开始思考起来，过了一会儿她告诉我："那我玩海洋球、沙子画与蹦蹦床。"我反问她："为什么不选其他的呢？"云云对我说："那个旋转木马转太慢，一点儿也不好玩；那个划船的，水太浅了，人太多，要很多时间排队不合算……"我很赞同地点头，对她说："云云，我们的时间与精力都有限，要是用来做了一些无用的事情，做有用事情的时间与精力就少了，对不对？"她有些莫名其妙地回答："对啊，妈妈！"云云答应着我。我怕她对我说的话理解不太透，就直接引申到她的学习上来说，我问她："你觉得写作业、画图、做题、读绘本哪个更重要？如果像玩游戏一样，晚上时间只够玩两样，你怎么选择？"云云认真想了一会儿回答我："第一是作业，因为老师要看的。第二是绘本故事，每天坚持好习惯，做题与画图可以周末时间玩。""很好，以后你就这样干咯！妈妈再问你一个问题，你觉得写作业的时候，是写得多比较重要，还是写得好比较重要？"云云又想了一会儿，居然说："不知道！"我继续引导她："练字是为了把字练好，如果快速地写，不够认真细致，写一百遍可能还是练不好，这样就没效果。如果可以慢慢写，认真、工整地写，也许写一面就可以看到进步了哟。以后，妈妈希望你写字可以再认真一些，这样写一个字的时间会花得多一些，你可以少写一些，你觉得怎么样？”“好的，妈妈！”云云爽快答应了。

后来，我翻看云云的练字本，我发现，她一次比一次写得好，刚开始的潦草、敷衍没有了。后面的都是认认真真，一笔一画，上面还有橡皮擦过重写的痕迹，大概是她觉得自己没写好，又重新写过了吧。老师奖励她三颗星，上面还写着大大的三个字：“非常棒！”虽然云云不认识这三个字，可是她知道那三颗星是老师对她认真写字的肯定，于是时不时就回来说：“妈妈，老师又奖励了我星星。”

人都有一个习惯，喜欢用走捷径的方式得到大家的肯定，孩子往往容易走错路，家长就需要适当地加以引导，给他们正确的学习方法与正确的生活习惯。不能让孩子误以为忙碌就是勤奋，久而久之，他们便会认真偷懒，就像那些天天打卡背单词的，坚持得最久的，打卡最多的，往往英语也是最差的，这样的忙碌又有什么意义呢？所以，家长要时刻留意，我们要让孩子从小知道有重点的行动才是最有效率的。

让孩子乖乖学习知识的魔法

如果我说，有一种魔法能让你的孩子乖乖坐下来专心听讲，扩展词汇量，并充分展开想象，并且这种魔法还能让孩子获得设身处地为他人着想的能力，增强孩子对父母的信任感，让他自信而勇敢地展望未来。

这种魔法在早教机构里找不到，在药店也找不到，它是免费的。这种免费的魔法最好由父母在孩子身上施展，这样效果尤其突出。即父母与孩子一起唱歌，一起跳舞，一起听童话故事，一起玩耍，一起演奏音乐、画画或做手工；原理非常简单：父母与孩子一起做这些活动的时候，孩子所能体会到的比在我们专门给他们讲授知识，或自认为善意地让他们获得某些体验时所体会到的要多得多。

在父母的陪伴中，孩子会感受到快乐，这是一种他们在那个安全的黑洞中和母亲共处时曾获得过的体验。因为在一起做事时，他们最重要的对依恋的需求得到了满足，而且，他们还能在这种依恋关系中获得成长。这让他们感受到自由，以及对自己生活的掌控。

讲故事是给孩子授课的最佳形式之一，家长可以通过亲子共读来完成。我们可以精心挑选包含希望孩子获得的某种能力、某个思想的故事，通过给孩子朗读故事，让孩子明白我们希望他们掌握的内容。在给孩子讲故事时，家长要时刻关注孩子的情绪变化，魔法的本身并不仅仅是故事本身，而是讲故事时父母与孩子彼此对故事内容和亲密关系的交流。

自由地玩耍、讲故事和愉快而无目的地唱歌、跳舞等，不仅能让孩子在潜移默化中学到知识，还能有效促进孩子的大脑发育。正如爱因斯坦曾说过的："用最简单的方法解决最复杂的问题。"

每个孩子都能在自由的国度里体会到自己的独特，以真实的自己得到关爱，童年就不会成为一场只是争做最佳孩子的竞赛。如果每个孩子都能悦纳自己，他们就会愉快而不懈地致力于开发自己的能力，热情地学习，把他们掌握的所有知识和技能带入他们所在的集体中分享。他们会乐于逐步开发自己的多种才能，在不同的情境中尝试他们已经掌握的技能，使之不断完善，并发展出属于他们自己的价值观。

Kindergarten

第八章

这样教育孩子，效果事半功倍

爸妈都不是天生的教育专家，也没有上过任何岗前培训课程，我们都是一边上岗一边摸索正确的育儿方法，由于缺少育儿知识与经验，难免在日常生活中犯下一些低级错误。其实，教育孩子，只有掌握了正确的方法，才能起到事半功倍的效果。

说一千遍不如示范一次

人有的时候就是这么奇怪，自己没做到的事情，拼命要求孩子做。相反，如果我们一直在努力给孩子做好的示范，孩子也会耳濡目染行动起来，充分发挥他们自己的才干，说不定还真能如我们所愿。

我爱读书，经常在云云面前读书，所以云云自然而然也爱读书了。我有一个朋友非常不爱读书，可是她却想要她的女儿爱上阅读，怎么办呢?可怜天下父母心，她买了一本非常厚的字典，然后在字典上挖了一个洞，这个洞刚好可以放下手机。每天到了阅读时间，她就打开字典，把手机放进去，认认真真玩一小时。而女儿呢，以为妈妈在读书，也在一边认真地读起来。一年半载后，女儿养成了爱阅读的习惯，她也不用再假装读书了。当然，这种做法并不值得提倡，但从中我们却可以看出父母的苦心。

有时候我们自己在这方面的确欠缺，我们又想子女不要随我们养成不良习惯。最好的方法就是自己先改正，子女也会被我们带进良性循环中，不知不觉养成好习惯。我朋友是在假装读书，她的方法我觉得还是不太可取的，如果子女知道真相后，学着像她那样投机取巧、弄虚作假，那岂不是弄巧成拙、得不偿失吗?

所以，我始终坚持，自己先做到，然后再要求孩子做到。以前，我是个喜欢乱扔东西的人，穿过的衣服随手扔，读过的书随手放。云云自然也学到了这点。每次我要还图书馆借来的书时就会头疼地找上一两个小时，书桌上、墙角、床上、柜子里、沙发上，甚至连洗手间、床底下有时候也能找着一两本书。我开始意识到自己这个习惯非常不好，于是决定改正。开始我只要求云云把读完的书放整齐，归位。可是我自己却不这样做，小家伙做了一次，第二次就不依我了，总是反反复复乱扔书本，甚至把幼儿园的课本都给弄丢了几本。我终于下定决心从自身做起改掉坏习惯，每次换衣服都会放在床头椅子上，每次读完书都会放在床头柜上摆放整齐。没想到云云每次读完书后，也学着我的样子主动把书摆放整齐，再也不用我督促了。

是的，很多大大小小的事例告诉我们，要让孩子养成良好的习惯并不难，难的是我们必须从自身做起。孩子就是我们的复印件，只要我们把自己这个原始文件修正好了，养成良好的习惯，复印件自然也会跟着优秀起来。

指导孩子，而不是指挥孩子

父母在教育孩子的过程中很容易把指导等同于指挥，急于给孩子答案，这样反而会令孩子错失学习的主导权。如果在孩子得到答案前，先让他想一想，学习效果可能会更好。

父母喜欢充当孩子的“卫星导航”

我们开车，如果自己查地图、判断地标、尝试错误、最终找到目的地，那我们对路线的记忆就会很深刻，下次再来的时候也很容易找到目的地；如果我们使用卫星导航，一切听从导航的指挥，到达目的地，下次再来的时候，脑海里还是没有地图，还是找不到目的地，这是为什么呢？

自己找路就是一个主动学习的过程，根据卫星导航系统驾驶就是一个被动学习的过程。主动学习者从收集信息、思考判断、尝试错误到重新收集信息、改变行动、解决问题等历程都是由自己完成。被动学习者在此历程当中则被剥夺部分或全部责任。这就像我们的育儿，在育儿过程中，大部分父母都是扮演了“卫星导航”的角色，孩子则充当了后勤、机械操作的角色。

指导性学习中，最大的受益者是指导者

侄儿读过好几所幼儿园，他刚到幼儿园的时候，上课一点儿也不专心听课，还影响其他的学生。后来老师发现他非常聪明，再加上所有课程我已经在家里让他预习过了，于是老师让他充当了小老师的角色。不论是数学课还是语文课，老师上课之后，就让侄儿给同学们再讲一次。不久，惊人的效果出来了，侄儿的功课越来越好，连班主任老师都说他很聪明，一学就会。

在教学过程中，很多老师都有这样的发现：如果在班上设定“小老师”去指导同学，往往“小老师”进步得更快，其他同学反而进步有限。因为“小老师”可能扮演了出题、解题、示范、说明等主动思考的角色，被指导的同学却扮演了观察、聆听、模仿、依照指示做事的被动角色。所以专业的老师会指导不同的学生或随意抽取学生担任“小老师”，从而让教学达到最好的效果。

在长辈指导孩子，资深者指导新人，或家庭老师指导学生等互动过程当中，指导者如果主控性太强，被指导者只不过听命行事，而没有自主思考、构建假设和决策判断的机会，那么他的学习效果将非常有限。

家长引导孩子，指导性不能太强

家长一定要懂得在引导孩子解决问题的时候指导性不能太强，不要急于给答案，也不能自问自答说个不停。我们要耐心等待，给孩子时间思考，等待孩子尝试，如果孩子答错或做错了，家长最好以他能理解的话语，提供旁敲侧击的提示，而不是直接给答案。孩子在你打算说出答案时，如果能主动要求你“等一下”“我再想一下”，那么这个孩子将来可能更有出息。

要想地里不长草，除非你种满庄稼

暑假来了，我们家两位小朋友齐心协力霸占了大厅的电视，从早看到晚。我们都知道这样对孩子不好，可是又不愿意花时间陪他们玩，怎么办呢？我忍了几天，还是决定牺牲自己。

两个月的暑假时间，我绝不能一直用电视动画喂养他们！这是我当时最重要的一个想法。那么，不看电视，孩子的时间用来做什么好呢？我很认真地做了一个计划，开始了我们三个人的忙碌行程。

晴天时，我们大多会选择去户外活动。小沟里钓虾，让孩子们学会了耐心等待，学会了要有方法才能钓到大虾；公园里闲逛，孩子们仔细观察各种植物的叶子、观察各种虫子，观察有没有什么好玩的器材，如滑梯、秋千等，欣赏了风景，活动了身体，还锻炼了观察力；孩子们一路欢笑、奔跑，时而看看路边的野蘑菇，时而看看树上的野果子，一路下来，大家累得气喘吁吁，可从没叫过辛苦；我们也逛街采购美食，事先就有规定，每人吃三样，不能吃垃圾食品，孩子们从中又学会了选择、克制、甄别食品的好坏……

下雨天也不在家里闲着，我们可以室内活动。体验各种培训课，如绘画、跳舞、主持、做手工、弹吉他等，这个活动我最省心了，只需要将孩子们领进门，把他们分别交给不同的老师，他们会在老师的带领下玩上一两个小时。回来的时候，还会津津乐道，哪个老师的歌唱得如何好、鱼画得如何好、舞跳得多优美等等。

我们还加入了一系列参观博物馆、展览馆、名胜古迹的计划，每隔几天逛一个，如地质博物馆、长沙博物馆、简牍博物馆、科技馆、贾谊故居、长沙各地的画展、书法展、古玩城等等。我们见识了新鲜把戏，跟随讲解员学到了新知识，也领略了艺术的美和怪诞。

有时候不想外出，怎么办呢？我们三个也是有活动的，做家务捞评分，我们一起列购物清单，各自选购清单上自己需要的东西，一起回家做菜做饭，拖地板、整理房间、叠被子等等，做科学小实验，如紫甘蓝水加醋加盐加洗涤灵加酱油，看看分别变什么颜色；如何区分生鸡蛋与熟鸡蛋；鸡蛋加盐在杯子里是否能浮起来；等等。

这里还有一个重头戏，利用暑假扩大孩子们的阅读量，没活动的日子，不想走动的日子，我们三个就一起钻进图书馆，湖南图书馆读腻了，就去少儿图书馆或者附近的一些培训机构提供的图书馆，孩子们负责挑选自己喜欢的书籍，我负责轮流读给他们听。

许多家长抱怨，抱怨自己的孩子不听话，只知道看电视、打游戏。可是却不曾换位思考一下，如果家长愿意，可以像我一样找一些更有意义的事情去打发孩子们的时间。孩子们的可塑性是很强的，只要你有好节目，他们也是很乐意配合你的，哪怕中途需要吃点儿苦。我不会开车，只能带着孩子们搭公交、挤地铁，人山人海，可是孩子们都很勇敢，为了奔向目的地，他们从未嫌弃苦累，不哭闹，不抱怨，尤其是侄儿还找公交车上的外国乘客搭讪、握手，还给爷爷奶奶们让座，无形之中，也学习一些书本外的知识。

以后，当我们想责骂孩子时，当我们为孩子不听话而发疯时，请你拿出一些有意思的玩法来，拿出一些有意义的活动来，只要家长愿意付出，辛勤耕耘，愿意在孩子这块肥沃的土地上种上庄稼，你就从此不用再担心这里会野草疯长。

“我要怎样”取代“要我怎样”

小静是一个6岁孩子的妈妈，我们时不时就会交流一下孩子的事情。小静说得最多的是自己劳心劳力，只要一不留神，孩子就丢三落四；一不留神，孩子很可能连饭都忘记吃了；一不留神，孩子作业忘记做……总之，自己累得不行，孩子还不如别人家的好。

周末，我带女儿去小静家玩了一个多小时。从进门我就没有再管过我女儿，我一直坐在沙发上静静地看着他们玩丢球游戏、堆积木、画画，而小静却坐不住，玩丢球游戏才5分钟，小静赶紧跑上前给儿子背上放一条隔汗巾，回头对我说：“这孩子出汗多，要是不注意，很容易就着凉了。”堆积木的时候，小静又爬上前去递上一杯水，孩子表示不想喝，小静柔声细语地说：“儿子，快喝吧，你刚才出了那么多汗，肯定要口渴了，多喝水少生病。”孩子喝了一口水，小静又说：“不行，太少了，再来一口。”孩子极不耐烦又喝了两口，赶紧把水杯推开继续玩起来。孩子画画的时候，小静又走上前去帮忙，孩子用完水彩笔就往旁边一扔，小静则认真套上笔筒盖，还一边说："水彩笔用完一定要套上盖子，不然水都干了，就没用了，知道吗？"孩子却完全一副不理睬的样子。

小静家的 6 岁孩子这样做的时候，我 4 岁的女儿是怎样做的呢？她玩得满身汗的时候，赶紧拿出一条隔汗巾跑到我身边说："妈妈，请你帮我擦擦汗！"口渴的时候，她会主动向小静询问茶水的位置，自己拿一次性纸杯倒水喝；画画的时候，用完的水彩笔主动一一套上。这令小静觉得很意外，她无限感慨："女孩子真好带，我要是生个女儿就好了！"我故意激她说："你要是生个女儿，估计也难带。"她不解地问我原因，我笑笑说："你不懂让孩子'我要怎样'取代'要我怎样'！"她摇摇头："不懂你在说什么，别卖关子了，快说！"我解释给她听："不论是孩子还是大人都不喜欢被别人牵着鼻子走，当家长要求孩子这样那样的时候，他就会产生或多或少的抵触心理；但如果家长让孩子知道这是他自己的事，应当自己负起责来，情况就不同了，他会记在心上，认真去做，如果做不来，他才会求助家长，家长帮了他，他还会心存感激。"看小静还是有些不太明白的样子，我又接着说："比如刚才孩子出汗要用隔汗巾，渴了要喝水，水彩笔用完要盖好笔筒，这是不是孩子的事情？况且 6 岁的孩子完全可以自己完成。以后遇到要他自己做的事情，你就告诉他如果不好好做，后果将会怎样，只要孩子能够承受的，不是危险的或者不道德的，就让孩子去做，然后自己承担后果，久而久之，孩子就长记性了！"小静连连点头。

像小静这样做的家长还真不少，整天一副命令式或者建议式的口气与孩子纠缠不清，长篇大论的道理讲来讲去，孩子都认为那是家长要他做的事，不是他的事，爱理不理，爱做不做。反正自己不做，家长会时刻提醒，并且会帮自己做，那为什么还要自己动手呢？

家长在给孩子传递生活技能或者美好建议的时候，就要把握好了，我们可以事先想一想，让孩子用"我要怎样"取代"要我怎样"，一次不行两次，两次不行三次，家长成功使用这个技巧的次数越多就会越熟练，你的育儿生活也会越来越轻松。

父母别做“包工头”，让孩子做“小主人”

很多父母，特别是爷爷奶奶外公外婆，俨然一个“包工头”，比如，帮孩子穿衣、吃饭、洗漱、处理与其他小朋友发生的冲突等等。这对孩子并不好，其实只是我们打着“爱孩子”的名义，剥夺了孩子自我发展的权利。父母千万不要再做“包工头”，而要学会让孩子做“小主人”，这样你的教育才会越来越轻松，孩子也会得到自我发展。

要像教孩子走路一样

我们总是在孩子适合的年龄想尽各种办法辅助孩子学走路，直到孩子由摇摇摆摆到走得十分平稳，甚至可以快步跑。面对孩子所有的事情，家长都应该秉持教孩子走路一样的态度与方法。鼓励孩子去尝试，让孩子去尝试，我们要做的只是在孩子遇到困难的时候拉孩子一把，鼓励孩子再次尝试，最终让孩子成为一个完整的、自立于社会的人。

孩子也是家庭的小主人

父母不应该把孩子当成自己的附庸，什么事情都替孩子把关做主。试想，当孩子习惯了顺从父母的意志，一切听从父母的安排，他会不会对我们形成依赖？我们总会有老去的一天，当我们再也无力替孩子做决定的时候，孩子将怎样独自面对这个世界呢？

孩子是一个生命的主体，他有自己的喜恶，我们应该尊重孩子选择的权利。只有孩子感兴趣和喜欢做的事，才能成为他以后发展的动力和方向。父母应该少一些专横，多一些民主，这样孩子长大成人后才能真正自己做主，过好自己的生活。

根据孩子的能力逐步放权

很多父母之所以不敢对孩子放权，主要原因就在于孩子还太小，没有独立自主的能力。事实上，孩子虽小，但他也有自己的想法，在某种程度上还是能够行使自己的权利的。

其实，3～6岁的孩子对于很多事情都能自主完成了，他们可以生活自理，如洗头洗澡、穿衣穿鞋、吃饭喝汤、走路奔跑、计算、说话等等。

虽然每个孩子的发育情况不一样，但家长只要仔细观察就会发现，孩子某个时期对某件事感兴趣的时候，我们就可以顺应孩子的要求，在安全许可的范围内鼓励孩子多做尝试，孩子也许就能很快掌握这门技能了。

孩子未来生活的时代是一个自由、竞争、充满创造力的时代，父母一定不要成为“包工头”，要从小教会孩子“自己的事情自己做”。小事情孩子能够做好的话，将来遇到大事情自然也能够处理了。

别当孩子的裁判，做他的粉丝

5岁的侄儿图图在学校上课几天，红着耳朵回来了，我一看耳朵上还有被掐的手指印。家人问他谁干的，他告诉我们：“老师掐的！”话即出口，家人你一言我一语像裁判一样开始给侄儿贴标签，有的说：“谁让你上课不认真的！”有的说：“你这么调皮就应该被老师多教训一下！”我听不下去了，站出来说了一句公道话：“图图，老师体罚你是老师错了，你的耳朵现在还疼吗？”我摸了摸他的小耳朵，把他抱进怀里。

第二天，我去学校找老师谈话，请求尽量不要体罚，还详细了解了图图在学校的情况。这才知道，原来是平常我们在家里预习了功课，到学校图图只要老师读两遍课本，他就能掌握所学知识，接下来就不认真听课，开始做些小动作，甚至影响其他同学学习了，老师多次提醒他不听，这才体罚他的。老师说：“咱们图图是个接受能力强、爱学习的好孩子，如果能够把课堂上做小动作、讲小话的习惯改一改就更完美了！”

后来发生什么事情了呢？图图上课变得越来越认真了，老师也越来越喜欢他了，让他做了班上唯一的小老师。每堂课的内容，老师讲两遍，接下来就由图图讲给同学听，带全班同学读。因为有了一遍又一遍的练习，读完幼儿园时，图图可以一口气说出五十几个成语接龙，能把语文课本从头背到尾，能把《三字经》《弟子规》等学校读过的经典国学书籍背得滚瓜烂熟。

不论是大孩子，还是小孩子，他们做每一件事情都有他们的原因与目的，家长不能直接根据表面情况就给他下结论，而且这个结论还是差评，这样就会大大打击孩子的积极性，甚至孩子慢慢就会变成家长贴标签的那个模样。如果我们能够换个态度，像做他的粉丝一样从各种角度欣赏他，称赞他，他就会慢慢表现得如同我们期望的那样，越来越出色。

有了教育侄儿的经验，女儿云云出生之后，我就一直坚持她的事情她负责，她的事情她说了算，我只是一个辅助者，她的忠实粉丝。

云云第一次写字特别认真，我会大加称赞：“宝贝，妈妈看你这么用心的一笔一画，写出来的字果然漂亮。你在妈妈的笔记本上也写一个这样漂亮的字，好不好？”云云立即笑容满面，在我的笔记本上一笔一画认真写起来。后来，我与孩子爸爸多次称赞她写得认真，写得好，她对写字产生了浓厚的兴趣，拿起小树枝、小粉笔都能在地上一笔一画写很长时间。

云云第一次养小金鱼，我知道小孩子总是没责任心、没耐心一直养下去的，于是我在她认真给金鱼喂食的时候，开始称赞她：“你看小金鱼大口大口地吃食，好像在说：‘我的小主人真好，我的小主人一定会天天按时给我喂食，把我照顾好的！’”果然，云云每天早上起床，放学回到家第一件事就是给金鱼喂食。

有了闲暇，我就经常给云云讲她的许多个第一次——她做得非常棒的一件件小事，我就像崇拜一个小偶像一样一次又一次与她回味，每次云云都会抿着小嘴偷偷乐，脸上一副自豪的表情。小宝贝在我的表扬里不断获得自信，也在我的崇拜里一次又一次挑战她认为有难度的事情，从不退缩，直到做好为止。

赞美到底是坑孩子，还是帮孩子

孩子做出了好的表现，父母到底要不要赞美孩子？有人持支持的意见，认为赞美鼓励可以让孩子越变越好。也有人持反对意见，认为不断赞美孩子，孩子变得骄傲就不努力了，就会退步。有些甚至认为赞美孩子聪明后，孩子变得畏难了，遇到难的就拒绝动手，怕做不对做不好，父母就觉得自己不聪明了……赞美到底是坑孩子，还是帮孩子呢？

我认为赞美对孩子养成良好习惯、奋发向上都是大有好处的，如果说有些赞美起到了负面作用，那也只能说明我们赞美的方式与用词有问题。

父母的赞美带给孩子“自我认定”的力量

我们都经历过说话、走路的时刻，无论当时我们走得多么踉踉跄跄，说得多么口齿含糊，父母总是惊喜于我们的每一次尝试与努力，不断为我们喝彩、加油，所以这个世界上每个正常的孩子都能说话、走路。我至今仍然记得云云学会走路时那副自豪得意的表情。

当我们读书识字了，父母却改变了对我们学走路时的鼓励态度，只要我们一时记不住、不小心答错题，他们就会又吼又叫，又打又骂的。于是我们变得害怕学习、讨厌学习，学习成绩自然好不了。

同样的一个孩子，如果父母认定他们能够学会走路，学会说话，如果我们也把同样的信心投射到孩子的学习上，认定孩子早晚都能学会、学好，当孩子学习成绩不佳时，我们鼓励孩子再努力尝试，我们坚信他们可以。就如同很多科学实验那样，随机抽取 20% 的学生，对外却宣称这些学生天赋异禀，经过一年的学习之后，他们确实比其他学生有了更显著的进步，是一样的道理。

用力找缺点来批评，不如认真找优点来赞美

孩子本来就是一无所知地来到这个世界，孩子的弱点与不足，孩子的缺点与过错，本来就是再自然不过的事情。父母要有信心接纳孩子的弱点与不足，认真找他们的优点来赞美、鼓励他们，帮助孩子树立正面的形象，无论是他的天赋、优点或特长，还是他不断累积的经验与能力，或是他表现的付出和努力……都是值得家长欣慰与赞美的。

如果父母在教育孩子的成效上一直不满意，可以换换思维，试着赞美与鼓励你的孩子吧。我相信，如果父母能够正确地赞美、鼓励孩子，一定可以达到自己所期待的教育目标。

给自己时间做对事，也等于给机会赞美孩子

现实生活中，我们看到最多的场景就是父母在一边拼命地催，孩子却

慢吞吞、不急不慢地按自己的步调来行动。很多时候都是父母太心急了，马上就要求孩子去做这个那个。可是孩子无法像大人一样对时间有精确的衡量，他们对事情的轻重缓急也不如大人这么在意。

如果父母能够多给孩子一些时间，不要总是跟在后面催，孩子就不会变成被盯、被骂、“要说才会动”的坏孩子了。我们不妨多给孩子一点时间和空间去把事情做好，也等于给自己更多的机会去发现、肯定孩子，让孩子成为家长眼中的好孩子。

孩子自暴自弃时，赞美鼓励是唯一的挽救良药

孩子大多是受多了父母的打击与责骂，从而认为自己就是一个坏孩子，就是一个差孩子，因此认命了，不想努力了，也不想动了。例如，有些孩子功课很差或是行为偏差，他们早就在身边大人的不断指责、批评中知道自己一无是处，而父母想方设法地纠正他、教训他，也只会更突显他的不当与错误，让他原本低落的自我形象更加受伤。

唯有重塑孩子的自我形象才能拯救孩子，而赞美与鼓励是最好的良药。首先，父母要停止对孩子的批评与指责，然后开始认真寻找孩子的优点，哪怕只是一丁点儿的进步都要立即给予肯定，慢慢帮孩子建立自信。虽然这是需要耗时费力的一项“大工程”，可是这也是非常有效的方法。

最后，父母在赞美鼓励孩子的时候，要注意三点：一是不要把赞美当成操控孩子的工具，如果只是想用赞美来鞭策孩子表现良好，没有多大意义；二是不要在赞美的言辞中“偷渡”批评，让孩子觉得扫兴；三是当最后结果不尽如人意时，父母更要肯定孩子在过程中付出的努力。

别把孩子的问题当成自己的问题

老公写字漂亮，于是我把云云练一手漂亮字的任务交给了老公，每天老公都会在孩子放学回家写作业的时候陪着她，教她怎么把握细节。没有写漂亮的，两个人还不断讨论怎么用力，怎么发笔，才能写得更好。

云云刚开始还是写得很认真的，一笔一画非常工整，也写得非常漂亮。随着难度的加深，云云感觉越来越吃力，特别是竖折折钩，她怎么也写不好。老公耐心地讲解，云云好不容易写完三个，老公又说："这个折没写好，这个发笔太高了一些，这个钩太长了！"于是三个字全部重写。后来几次三番，云云提出先休息一会儿，老公当然只能同意。就在休息的时候，我切了一盘水果给他们吃，我听见云云说："爸爸，你的字写得好，以后难写的你就帮我写完吧！"我惊呆了，问老公什么情况，他居然说不清楚。

接下来就由我这个不会写漂亮字的妈妈来辅导云云写字了，我就是一句话："我也写不好，不要问我。你自己的作业自己认真写，慢慢照着老师的笔顺写。"云云见求助无望，只好一笔一画慢慢写起来，10分钟后，居然写了满满一面，我没要求她把不漂亮的重写，只是把几个漂亮的划出来，打上星星，对她说："哇，这几个写得太好了，如果以后都照这样子写，那就太漂亮了。"本来作业已经完成，云云又认真写了一面，要求我点评，我的点评也很简单，就是把漂亮的圈出来。

后来，我们家就一直用这个简单的办法，只圈写得好的，点评好的，告诉云云好在哪里，不再批评她写得不好的字或要求她重写，结果一切进展顺利！

孩子的问题就应该由孩子去解决，家长管太多，说太多，事情就有可能变成家长的了，最终累坏了家长，闲坏了孩子，还于事无补，下次孩子还会继续出问题。

孩子出问题，犯错误不用付出代价，总有家长跟在后面收摊、擦屁股，自然而然这些问题就变成了家长的问题了。家长这样做不仅苦了自己，还害了孩子。你夺去了他对自己事情负责的权利，你夺去了他想办法处理问题的能力，而这两条都可能影响孩子一生。

所以，家长朋友们，把孩子的问题扔给他们自己去解决，如果是超出他们能力范围之外的，我们可以在一旁指导，可是你永远要记住：咱们只是他们人生的配角，主角的戏还是由他们去演吧！

换个角度，爱孩子胜过爱自己

如果我们留意一下，其实很多事情都是如此，生不生气真的只是个人的事，往往与外界的事物一点儿关系也没有！所以，面对孩子一模一样的行为，有的妈妈感觉特别恼火，有的妈妈觉得特别好笑，原因只在于我们主观看待这个行为的角度、解读状况的观点，以及存在于个人脑袋里的想法各异罢了。

我们每位家长的脑袋里都装有一个想法的“火药库”，当孩子的某个行为点燃了一条通往火药库的引线，引线一路烧进去，就会引爆炸药，家长开始变得大发雷霆，不可收拾。

每位家长都不希望出现亲子大战这样的场景，因为战争的结局很难掌控，大多以两败俱伤收场。在处理孩子的教育问题时，家长要想做到心平气和，避免用负面情绪来面对孩子的不当行为，就要检视一下自己脑袋里是否埋藏着以下“火药库”的想法，及时控制与拆卸，将非常有利于我们的育儿之路及亲子和谐共处。

自我反省的几个问题

你会不会在意自己的面子大过孩子的感受？

你会不会用“理想孩子”困住孩子，也绑死自己？

你是不是太过急于给孩子打分？

你是不是过度坚持与管束，激起了孩子“为反抗而反抗”的心理？

父母必须承认，绝大多数我们要求孩子立刻去执行的事情，就算孩子不会照着做，真的也不会发生什么严重的、致命的后果，只是我们太过担心罢了。担心孩子任性而为，下次会不会就发生不可收拾的问题？如果今天让孩子如愿，将来是否就再也没有理由管教孩子了？

大多数父母的“火药库”想法

我们认为父母应该并且必须纠正孩子的错误行为，否则孩子就不会改过；

我们认为不能放纵孩子，无法坐视孩子的错误而不管；

我们担心现在不管教孩子，以后就会演变成严重的状况；

我们觉得教不好孩子是自己的责任，而总是在自责、内疚。

这些想法本身看起来没有任何问题，都是正确的。只是这些想法会让父母在面对孩子不当行为时，几乎没有回旋的余地与讨论的空间，除非孩子乖乖听话，否则父母就会设法纠正、约束、调整他们的行为。

想法太过强硬，毫无弹性，极易造成亲子之间的对立，令孩子成为父母的忠实反对派。

如果我们能够处事柔和一些，给孩子一定程度的理解与方便，孩子反而会因为父母接纳自己的情绪与想法，也愿意听一听，甚至接受父母给自己的建议。

如果父母不想搞砸亲子关系，那就认真安置好自己的“火药库”，试着放下焦虑、平息怒火，平心静气地面对孩子。

Kindergarten

第九章

爱孩子，
就要陪孩子慢慢成长

每位家长都对自己的孩子满怀期望，但这个期望值一定要符合孩子的成长特点和规律。孩子的未来不仅仅是父母的，更是孩子自己的，孩子是父母的希望，但是绝对不是父母的傀儡。

家长不要一味按照自己的意愿给孩子设立过高的目标，而是要以一颗平常心去对待孩子的成长。家长应该让自己的爱和希望成为孩子腾飞的翅膀，而不是枷锁。

赚钱和教育孩子哪个更重要?

我翻阅了大量的育儿资料，发现一个奇怪的现象：有心理问题的孩子大多出自经济条件还不错的家庭。那么问题就来了，为什么会这样呢?

经济条件不错的家庭一般是父母一方或双方长年在外努力工作、打拼，为改善家庭的经济状况而努力。也就是说父母至少有一方或双方长期错过对孩子的教育，而孩子的成长是需要父爱与母爱多过对物质需求的，所以问题自然就出来了。

如果有人问你：赚钱和教育孩子哪个更重要？一般情况下家长都会选择后者，可是行动中家长又会不自觉选择前者。家长们常常自以为是地认为给孩子提供最好的经济条件，让他们吃好喝好穿好，读最好的学校，自然而然就成材了嘛，这也是给孩子最好的教育呀！其实我们这么想就错了，而且是大错特错，很多调查研究表明，学校教育对孩子成长的影响只占20%，而家庭教育对孩子成长的影响占70%以上，甚至有人认为占80%。如果我们把孩子的教育都交给学校，那我们也就等于是“捡了芝麻，丢了西瓜”，孩子不出问题才怪。

这里我推荐家长朋友们可以去读读知心姐姐卢勤的育儿书，里面有她几十年积累的育儿经验和对问题孩子的咨询经过及问题解决过程。在这些案例里面，有很多孩子家庭条件都非常不错，甚至孩子本身表现也十分优秀，无奈父母忙着赚钱，根本没工夫倾听孩子的心声，或者为了不断开发孩子的潜能，无所不用其极，打骂孩子，逼迫孩子读各种补习班，这让孩子的童年充斥着不幸福。

别说是孩子，就是我们成年人，如果每天做着自己不喜欢的事情，从来感觉不到有人爱自己，有了心事也无处诉说，我们也不能按自己的意愿而自由活着，只能被强迫安排着去做别人认为对的事情，那我们也会不快乐。

我们那么爱孩子，为什么就不能给他们最需要的关爱呢？也许把孩子带在身边会有诸多不便，可是你的一点儿不方便，可以换来孩子幸福的笑脸，可以换来孩子的心理健康，可以换来和谐的亲子关系，难道你还不愿意吗？

我曾经看到有人向儿童教育专家小巫咨询，说自己的老公工作非常好，工资很高，自己也要升职了，马上涨工资，前景相当的诱人。可问题也来了，那就是以前自己还能经常陪陪孩子，以后只能一个月回家一次了，怎么办？

小巫当时毫不犹豫地建议她：要么放弃升职，在家附近工作，陪孩子成长，要么孩子转学去母亲工作的地方。原则就是孩子不能离开母亲。

还有一例很特别的情况，孩子父母在外地工作，母亲工作地点是这儿三个月，那儿三个月的，很不方便，小巫也是建议孩子随母亲一起上幼儿园，哪怕是不断转园——适应幼儿园容易，亲子关系不能断，母爱不能缺少，这是孩子安全感的最大源泉，事关孩子以后的心理健康与幸福感。

说起这件事，我很同情我的侄儿，9 岁以前父母都不在身边，尽管我们都把好吃好喝给他，玩乐学习也都陪着他，可是他始终不高兴，最后整天郁郁寡欢，心事重重的样子。后来学校老师直接对我们说："孩子现在很危险，必须让父母带才行，不然随时可能出问题，到时候学校负不起责任。"多么惊心动魄的警告，顿时全家慌乱，不知所措。侄儿爸妈回来陪过他几次，也不见他展露笑颜。最后侄儿妈妈果断决定无论如何也要把孩子带在身边。那年暑假，侄儿妈妈一直没有去上班，每天陪着侄儿读书、写字、出门散步、游玩，没想到小家伙两个月后完全像换了一个人，笑容满面、快乐活泼，我们一家人的心才总算踏实下来。

想当初，女儿刚出生时，老公与婆婆都决定了把她带回乡下养，我与老公则安心赚钱养家，给孩子的将来创造美好生活。后来，我从育儿专家那里听了几堂课之后改变了主意。女儿始终留在我们身边，看着她健健康康成长，每天无忧无虑的，我觉得少赚一点钱也值了！

孩子正在破茧成蝶的途中

孩子从小聪明伶俐，天赋异禀，家长引导起来当然不费劲。在父母看来，觉得“他到底要长成什么样的人呀”“以后我要怎么养育他啊”，因此感到前途迷茫。

每个孩子都像一条毛毛虫，他们都会经过由小虫子到蝴蝶的蜕变过程，每个人天生能力不同，只要父母能够挖掘出孩子其中的一部分，就能让孩子破茧成蝶。

也许很多家长都读过《窗边的小豆豆》，作者是日本的黑柳彻子，这本书讲述了作者上学时的一段真实的故事：小豆豆（作者）在学校里无比淘气，在老师看来就是个没用的孩子，最后也因淘气被原学校退学，妈妈在这时候并没有放弃小豆豆，而是根据孩子的情况把她带到了适合她成长的巴学园。在小林校长的爱护和引导下，一般人眼里“怪怪”的小豆豆逐渐变成了一个大家都能接受的孩子。巴学园里亲切、随和的教学方式使这里的孩子们度过了人生最美好的时光。最后小豆豆当然是顺利长大成人。

看到孩子优秀的一面，期待孩子将来的发展，这是任何一个家长都可以做到的。然而，看着孩子糟糕的一面，却也相信“这并不是孩子真正的样子，总有一天他会发挥自己真正的实力的”，而不会抛弃对孩子的信任，这才是真正的父母，小豆豆的母亲可以做到，同为家长的我们可以吗？

一个孩子因为口吃，自卑极了，而他的母亲对他说：“孩子，这是因为你的嘴巴无法跟上你聪明的脑袋之故。”这个孩子就是日后美国通用电气公司的前首席执行官杰克·韦尔奇。

当一位父亲把自己的儿子介绍给继母时，说“这是全社区最坏的男孩。”这位继母立即接话说：“你错了，他不是全社区最坏的男孩，而是最聪明、但还没有找到发泄热忱的地方的男孩。”这个孩子就是日后创造 28 项成功黄金法则、帮助了千千万万的普通人走上成功和致富光明大道的人际关系学大师戴尔·卡耐基。

一个男孩 15 岁时告诉母亲说自己将来一定要竞选美国总统，母亲这样回答他：“孩子，我相信你能行。妈妈也曾经有这样的梦想，只是当我觉得我做一个让病人喜欢的护士更合适时，我就放弃了。现在对你来说，也许正是实现这个梦想的最好时机。”这个孩子就是日后成为美国总统的威廉·杰斐逊·克林顿。

看看以上这些例子，我们不得不感慨：教育子女就是要相信他们拥有很优秀的能力，有时候只是我们还没发现他们的能力在哪方面而已。虽然育儿的道路有时候充满艰辛，但我们不要被任何假象所迷惑，要坚信孩子的无限可能，这就是父母的爱。孩子相信父母，他们会接收到这份爱，并且在父母爱的滋养下茁壮成长，总有一天，他们会发挥出自己的潜力，结出具有创意性的果实。

不要苦恼于自己的孩子乱折腾，他们也许会打破家里的花瓶、杯子，他们也许会拆掉家里的风扇、电视机；他们也许会不断挑事，甚至与小朋友们闹不和，给家长惹麻烦，家长这时候就不要一味地给他们贴上“坏孩子”“没用的家伙”“不争气的东西”“笨蛋”等标签。我们应该换一种角度来思考，我们要相信他们也不想这么做，只是现在他们的能力不够，他们这么做是有他们的理由的，我们要开心地认为他们“真是有创意的孩子”“好奇心很重，想要尝试的事情好多啊！”

孩子并不需要父母教授他们很多东西，他们最需要的就是父母的信任，只要你相信他们，他们就慢慢由毛毛虫变成美丽的蝴蝶。

孩子不是“软柿子”，请别随便捏

有一次，我带女儿云云去参加一堂外语公开课，课刚开始 5 分钟左右的时候，我看到一位打扮时髦、妆容精致的妈妈拖着一个 5 岁左右的男孩进来了。所有人的目光都集中在他们身上，男孩拼命挣脱，想离开这儿，而妈妈却死死拽着他。两人僵持不下，最终妈妈“啪”一声，男孩被重重打了一巴掌，他捂着脸，“哇”的一声哭起来，嘴里还愤愤地说：“我就是不学英语，我偏要学画画！”然后百米冲刺一般跑了，妈妈则跟着追了出去……

我以为他们不会再回来了，没想到 10 分钟之后，那位妈妈领着孩子又来了，这次孩子没再反抗，而是一脸的无奈，眼泪还在眼眶里打转。下课后，家长在一起讨论，我格外注意了那个妈妈几眼，我听到她向其他家长抱怨说："我们家孩子就是不懂事，我让他学英语还不是为了他好呀！可他偏要学那个没用的画画，真的是让我很生气。"

家长总是带着"我还不是为你好！""我是为了你的将来着想！"诸如此类的理由强迫孩子必须按自己的计划执行，去实现自己的目标与梦想。而孩子呢？有些孩子确实在家长的指导下成材了，这些家长也许心里就暗自庆幸自己的做法是正确的，并且津津乐道地与其他家长分享。然而，还有一部分孩子也会在家长的逼迫下变得闷闷不乐，压力山大，让孩子付出这么大的代价去实现家长的愿望真的值得吗？

当今社会瞬息万变，发展迅速，今天热门的行业也许明天就变成了冷门，今天冷门的行业也许明天又成了热门。孩子的可塑性的确很高，很多事情只要家长督促，的确可以做出一定的成绩。可这在我看来无异于杀鸡取卵，因为你扼杀了孩子的自由和幸福。每天让他做着自己不感兴趣的事，即使他获得了别人眼中的成功，但自己感觉不到半点儿幸福又有什么用呢？

诚然，孩子的可塑性很强，可是我们的孩子毕竟不是"软柿子"，可以任由家长捏来捏去。孩子有自己的爱好与兴趣，他们有血有肉，有自己的理想与抱负，有自己想要做的事，就像上面的那个妈妈领来学英语的孩子，他爱画画，为什么不能让他好好画呢？如果他不爱学英语，我们只需要告诉他学英语的重要性，引导他在学校认真听课就行了，英语只是一门语言工具，学会简单的交流与应用并不难，何苦把孩子逼得这么无助与无奈呢？

家长朋友，请你记住：你的孩子如果生来就是一粒花生，你再怎么捏也捏不出一个苹果。你要做的是静下心来观察孩子的成长，发现他感兴趣的东西，再好好给孩子创造条件，让他在有兴趣的事情上做出成绩。人只有做自己感兴趣的事情，才会有无限的动力与热情，才能带着满满的幸福感去发现新大陆。在他们自己选择的这条道路上，即使困难重重，他们也虽苦犹甜。

爱孩子，但不要成为他的拐杖

一天，我同一位男同事出去办事，走了不少路，路上遇到有卖甘蔗的，我提议：去买甘蔗吃，没想到接下来这位男同事说了一句让我这辈子都会记住他的话，他不急不慢地掏出手机说："等下，我打个电话给我妈，看看能不能买甘蔗吃？"我没有理他，直接买了一根，削皮装好了。他刚好打完电话，然后对我说："我妈说可以买一根吃！"

接下来一路上，这位男同事都在说他妈妈，他说："我妈在家里是老大，说一不二，全家都得听她的。她也很能干，一日三餐，所有家务都归她干，即使我出来工作了，每周都还是把被单、脏衣服全部带回去，她都会洗干净叠好给我带回来，从来不用我动手！她更是买东西高手，总能挑到便宜且质量好的，所以我买什么时都先问她。"

我打趣他："你离你妈那么远工作，你不怕啊？"男同事赶紧说："我的工作也是我妈帮我安排的，她是学会计的，刚开始她安排我学会计，后来我不想干了，她又托朋友关系，让我去售楼部做了一段时间，然后我说我喜欢计算机，她又花钱让我读了计算机，给我找了这份工作。"

我听着心里总感觉哪里不对，总有股隐隐的担心，如果这位男同事的一举一动都要借助他妈妈这根"拐杖"，那么这根"拐杖"总有一天会离他而去，到那时候，这位男同事怎么生活，怎么工作呢？

我女儿出生的时候，我们全家也是宠得不得了，她要什么给什么。

后来我看比我女儿大 4 岁的小侄儿被宠得无法无天，6 岁了还需要喂饭，出去读书什么都不管，奶奶在后面帮助整理文具、本子、书包。如果有漏掉的，回来还责怪奶奶一顿。知道这样的事情后，我开始不断反省自己。

还好，女儿才刚刚起步，接下来的日子，我对女儿不再百依百顺，主要是怕她这样下去太脆弱，一不留神有什么闪失了。一岁多的时候，她要玩勺子，我就教她用勺子吃东西；两岁多的时候她要看绘本，我负责读，翻书的任务就交给她了；三岁多的时候，她要上幼儿园了，奶奶负责领路，她负责自己穿衣、穿鞋、背书包；四岁多的时候，我们教她自己的事情尽量自己做，而她也确实努力在这么做，学会了洗碗，洗内衣、袜子、晾衣服，还会拖地，擦凳子、桌子等，当然也会整理自己的书包，收拾玩具……总之，看到女儿这样，我打心底里欣慰，我也会坚持原则，不做她的“拐杖”，让她像正常人一样两条腿走路，自己的事情自己做。

学者于丹在谈到什么是父母对孩子最大的爱时，曾经说道：“世界上所有的爱都是以聚合为目的的，只有一种爱是以成功的分离作为它的目标，那就是父母对孩子的爱。对孩子最大的爱就是成功的分离，让孩子成为一个独立的个体。成功的分离是一种更节制、更内敛、更深沉的爱。”这告诉我们，我们家长育儿的目的不是聚合，而是脱离。如果我们的孩子长大成人之后，还不能脱离我们而独自生活，必须依靠我们做拐杖，那么这样的教育一定是失败的。

别让你的早期教育成了割草机

为人父母，从承担这个角色开始便意味着已经决定被孩子期待，被孩子需要。然而，今天，很多父母却不知道要如何与孩子相处，不知道要如何教育自己的孩子长大成人。

父母把孩子简单的生活复杂化

孩子刚出生时有着惊人的学习能力与坚强的意志力，并对这个世界充满好奇与雄心。他们比任何成年人都更专心，也有着更加丰富的想象力，而且能为自己的存在而自豪。

对于新生儿来说，学习各种能力就是一种自然规则。但不管学习什么，我们都需要有充分的时间，以适合自己的速度有序地体验并理解他们需要学习的内容。孩子不可能在还未学会爬行时就去学走路，也不可能在还不会发音时就开口说话。

对于孩子来说，认识世界最好的办法就是探索。无论事情有多艰难，他们都会不断尝试直到成功。失败和成功对孩子而言都是整个探索过程中的常态。他们在这个过程中培养自信，并相信自己能做到的比想象的要多得多。孩子能从自己身上学习，这一切好像都是自发的。

然而，孩子这种简单的生活状态却无法持久，等他们成长到一定阶段的时候家长就会跳出来对他们进行所谓的早期教育。家长就会提醒孩子应该更加努力，争取变得更好，他们应该学得更快，应该尽所有努力把事情做好。于是，孩子随着自己的经验不断遭到贬低，孩子开始学会了顺从。简单的生活因而变得艰难，孩子也越来越无法发自内心地去做他们想做的事。

不恰当的早教就像割草机，会抹杀孩子的个性

许多父母及早教机构为了训练出一个听话的，愿意接受他们所灌输理念与知识的孩子，而设定孩子发展的方向，这同时也磨平了孩子的棱角，从内心深处伤害了孩子。

在这个过程中，孩子感受到的是他无法再作为独立的主体自己做出决定，他只能成为父母实践早期教育的客体。他们被不停地打磨，以便能获得更多的“成就”，就像园丁修剪树枝一样，或者说像割草机驶过草地一样，完全抹杀了孩子的个性。

孩子当然不会把这种强迫获得的成就视为自己想要达到的目标，即使他们在学校取得高分，孩子也会拒绝上学。惩罚会影响孩子的天赋，奖励也不会好多少。当孩子在得到一次奖励后，就会不断努力去取得一个他本来不想要的成就。慢慢孩子就会形成一种模式：我去上学能得到什么，我做这件事情有什么好处？在最糟糕的情况下，他们完全依赖于奖励，就像一头驴，只有当主人拿出粮草时它才肯推磨。

孩子不应该只听“棍子”的话

在游乐场，我听到一位婆婆与媳妇的对话挺有意思的。媳妇对婆婆说：“妈，你以后不要太宠着他了！”婆婆回应：“我哪有宠着他啊，我打他的次数还少吗？每天都要打几次，还要怎样？”

为什么孩子犯错被打了那么多次，还是继续顽固地坚持犯类似的错误，并且变本加厉呢？

孩子只怕“棍子”，还是学不会自主负责

很多老一辈人，如爷爷、奶奶、外公、外婆都喜欢使用这一套，不听话就打，打到听话为止。记得小时候我爸爸就是这样，犯错就得接受惩罚，偷偷跑去游泳，回来就是“棍子炒肉”；爬树掏鸟蛋，回家又是“棍子炒肉”；不好好吃饭、与弟弟起争执，还是“棍子炒肉”……棍子打到身上，当然是疼，疼了就怕了，当时就不敢了。可我们不敢的行为并不是出于自己的真心本意，也没意识到自己的错误，只是屈服于“棍子”罢了。

现在的家长改进了老一辈的育儿方法，我们大多讲究赏罚分明，当孩子表现好的时候，在学校受到老师表扬、认真写作业、听家长安排报了兴趣班等，家长就奖励孩子喜欢的玩具、去游乐场玩，或者给其他的一些物质奖励。当孩子行为失当或犯了错误之后，家长的惩罚方式也文明多了，不再请“棍子”，取而代之的是罚站、罚抄写、减少或取消零用钱、不准看电视等。家长期望通过赏罚分明，让孩子知道行为的界限在哪里。其实，我们这样做的本质与老一辈靠“棍子”解决一切的办法并没有本质区别，只是用文明的方式包装一下罢了。以赏罚分明的措施代替体罚，将身体上的痛楚换成感官上的难受，本质还是一模一样的。父母还是在借助外力控制孩子的行为，却剥夺了孩子自己做选择的权利，并为这个选择负责任的机会。

失去“棍子”约束，孩子会变本加厉

小华是在奶奶与爸爸的棍子下成长的孩子，刚读幼儿园第一年时，表现非常不错，自理能力也还行。为了小华能够有出息，父母将他送去了一所双语国际寄宿制幼儿园。刚开始小华表现非常好，上课积极听讲，课后还能获得老师表扬，作息也非常规律。可是好景不长，半年后，小华开始不断挑战老师的底线——逃课、上课玩玩具、打架、偷同学东西等，这气坏

了老师，也吓坏了小华父母。

“棍子”下教育出来的孩子，他的行为表现往往是计算利益得失后被迫妥协的结果，当他发现这样做不会受到惩罚的时候，他的行为就会失去控制，做出许多让家长意想不到的事情。

孩子发自内心认可，就会自动约束与修正

随着越来越多的家长重视培养孩子的阅读习惯，我的朋友小陈也开始重视起来。家里新房装修时，她特地将原本准备做衣帽间的房间改装成了书房，并且为孩子购买了大量的绘本图书。

我与云云到小陈家做客，两个孩子在儿童房玩过家家游戏，小陈陪我参观了一遍房子后，我们就坐在大厅闲聊。我感慨道：“你们家书房真不错啊，有很多当下流行的绘本，甚至还有很多获奖的，这都是孩子喜欢阅读的好书呀！”小陈一脸无奈地笑笑说：“小樱才读了一两本，就不再读了，我感觉她对读书一点兴趣也没有。”“怎么会呢？难道你给她读绘本，她不听？”我反问她。小陈又笑了笑说：“我让她自己读，她不认识字，可以看图嘛！”这时候在过家家的小樱刚好出来喝水，听到了妈妈的话，她回过头，一脸认真地对我说：“阿姨，我妈妈每天都逼着我读书，我又不认识字，我不愿意读，她就拿棍子打我，你看，我眼睛这儿就是被妈妈打的，有时候妈妈还打我的头，我头上还有一个包……”

万万没想到，小陈妈妈会对孩子动手，于是我很不解地问她：“孩子那么小，还不懂事，培养习惯也要慢慢来啊，为什么打她呢？”小陈尴尬地边笑边说：“我也不知道怎么了，一看到她不爱读书，我就生气，反复让她读，她都不肯读，我就忍不住动手了。”

我与小陈的关系不错，两家又住得近，于是我主动提出，以后小樱从幼儿园放学回家就可以到我们家玩，我会安排时间给她们读绘本故事。周

末我陪云云去图书馆的时候，也可以带上小樱。朋友小陈欣然同意。此后，我发现两个孩子在听我读书的时候都非常认真，并且当我提出问题时，回答得相当不错。

一个偶然的机会，我听到小樱对云云说："你知道我为什么不喜欢在家读书吗？你猜猜看！"云云回答："你不认识字呗！"小樱神秘地眨了眨眼，乐呵呵地回答："错了，你猜错了，我只是讨厌妈妈逼我读书，每次她的样子都很凶，都不像我平时的好妈妈了。"

后来，我把小樱的这些话告诉了小陈，从那以后，小陈主动改变，不再逼孩子读书，不再拿棍子打孩子，并且还时不时准备一些小零食，邀请我们在她家一起读书，小樱也渐渐体会到读书的乐趣，变得越来越喜欢读书了。

打一棍动一下，家长累，孩子也苦。如果不用打，直接用一幅孩子期待的美好蓝图吸引着他自觉前进，家长会发现孩子也是很乐意配合家长的，而且更容易得到我们想要的结果。

家长不能把孩子完全推给老师

朋友的孩子三岁多了，送去幼儿园才几天，孩子班主任就打电话对她说："你孩子的基础也太差了，1 ～ 10 不会数，颜色也不认识，吃饭、上洗手间通通都不会，你们在家里也要适当教教孩子才行呀！"朋友惊讶地问："我花了钱送孩子去学校，就是要你们老师教的呀！"

有这种思想的家长为数还不少，他们觉得花钱买教育，教育孩子的责任全在老师，与自己无关。如果孩子没学好，就是老师不负责，就是老师不行。家长只用管一个孩子，最多也就两个孩子都不愿意用心去教，或者没有耐心去教，怎么能盼着老师教好三四十个孩子，逐一教会各种学科知识，教好各种生活习惯呢？老师就算心有余，也会力不足呀！

我送侄儿去读幼儿园大班的时候，时不时就看到有位学生的奶奶塞纸尿裤给班主任，问过才知道这位小朋友不知道自己上洗手间，所以一直用纸尿裤到现在，还不知道要用到几时才能停止。

在孩子小的时候，如果家长不帮助他尽快养成好习惯，等孩子大了就更难了。我们那里有一个学生在家从来不做家务，读高中时寄宿学校，第一个月，家长收到孩子寄回来的两个大包，里面全是穿过的衣服、袜子，寄回家是让家人帮忙洗的。

这还不算夸张的，我还在报纸上看到过这样的一则消息，某重点大学的一名学生开学一个月后被学校开除了，原因居然是生活不能自理。这个学生的父母特别能干，连生活的基本自理能力也不教孩子，全权包办了。孩子只需要用功读书，连饭都是父母喂的，脸也是父母帮忙洗的，其他就更不用说了。

不管是家长认为教孩子一些基本生活常识，帮助孩子养成良好生活习惯太累，还是没耐性，总之把这些任务全部推给老师是对孩子不负责任的表现。老师是人，不是神，你教一个都搞不定，他又怎么能搞定那么一大群孩子呢？他们是老师，是传道授业解惑的，不是私人保姆。

有的家长可能要问："孩子的学习总应该完全交给老师了吧？家长不需要操心了吧！"其实这种想法也是错误的，家长是孩子一辈子的引路人，一辈子的教育者，而老师只能相当于兼职引导者。想想看，幼儿园、小学、初中、高中、大学，孩子的老师都在更换，每个老师都只能陪伴你孩子的某个阶段，而且对于孩子的实际情况，没有人比家长更清楚。孩子注意力不行，上课开小差；孩子做题速度不行，每次答题都比其他同学慢；孩子记忆力差，要背的东西总是背不下来；孩子数学不行，别的同学都已经甩出他好远了；孩子对英语完全没兴趣怎么办？孩子叛逆，不听老师的话怎么办？孩子的问题层出不穷，每个孩子在不同的环境中成长，都会有或多或少的问题存在。因此，只有家长积极配合老师，才能让孩子的学习成绩提上来。

所以说孩子有没有教好，主要责任在家长，而非老师。我们摆正自己的位置，对孩子的成长教育有着举足轻重的作用。